日本人が知らない！中国・ロシアの秘めた野望

廣瀬陽子
Yoko Hirose
近藤大介
Daisuke Kondo

ビジネス社

はじめに

二〇二一年、米国ではバイデン政権が誕生した。そんなバイデン氏が強調したのが、「専制国家」との戦いだった。そして、その具体的な相手国は中国とロシアだとされたが、米国にとっての主要な敵として位置付けられたのは中国だったと言える。

同年三月に、バイデン政権が公表した暫定版「国家安全保障戦略指針」によると、同政権は「中国は経済、外交、軍事、技術力を組み合わせ、開かれた世界システムに挑戦する能力を秘めた唯一の競争相手」だと認定し、急激に対外主張を強めていることにも警戒を示した。他方、ロシアもまた依然として米国並びにその同盟国にとって問題を起こし得る存在と位置づけた。簡単に言えば、ロシアも脅威であるが、中国が米国にとっての第一の敵だということになる。そして、そのラインで、中ロ両国が結託し、米国の権益の侵害や米国が同盟国を守れなくなるように仕向けているとの警戒心も示していた。

また、近年、特にロシアがウクライナのクリミアを併合した二〇一四年以降、中ロは関係をさらに深めていった。とはいえ、中ロ関係は純粋な信頼関係に基づくものではなく、お互いに不信感を抱きながらも、戦略的な共通の利益を基盤に連携を強めていた。共通の利益とは、すなわち「反米」である。中ロは勢力圏構想に基づく外交を行う稀有な国だが、両者の地政学的利益が衝突することもある。たとえば中央アジアなどである。

このように、お互い心底信頼し合っていないが、対米政策では常に協力できる中ロ関係は、俗に「離婚なき便宜的結婚」などと言われてきた。実際、中ロ両国が連携すれば、それなりに大きな力となってきたし、逆に実はそれほど深い協力関係にならない側面というのもあった。

特に、中ロ間が軍事同盟を結ぶ可能性は全ての時期においてほぼないとみなされてきたし、両国も「あまりに関係が深いからこそ、軍事同盟を締結する必要がない」などと言ってはぐらかしてきたことは興味深い。このことは、双方が相手国のために血を流す用意がないことを意味する。中ロ関係は複雑で、メディアなどでよく言われるような「蜜月」という簡単な言葉で示せるようなものではないのである。

そのような中ロ関係に大きな影響を与えたのが、二〇二二年二月二四日に開始されたロシアによるウクライナ侵攻である。ウクライナ侵攻は、世界に大きな衝撃を与えた。この二一世紀に力による現状変更を試みる国があったのかというショック、そして、虐殺を含む極めて残忍な手段の数々、度々繰り出される核兵器使用の脅迫、ロシアが史上初めて行ったエネルギーの武器化、法的偽装によるウクライナ東部二州・南部二州の併合、ウクライナ人の動員など、ウクライナはもとより、世界に対するさまざまなアクションがあっただけでなく、国民を抑圧するための法整備や部分的動員、そして動員された兵員に劣悪な状況を強いるなど、ロシア国民に対してもひどい行為を次々と展開していった。

そしてこれらの結果、エネルギー価格の高騰、さらに食糧危機なども深刻化し、世界中でインフレも進んでしまった。つまり、ウクライナ侵攻は文字通り世界を巻き込んだ大きな戦争になってしまったと言える。

この戦争においても、中ロ関係は常に注目されてきた。中国がロシアを軍事的に支援した場合、ロシアがさらに戦闘能力を伸ばすことは明らかであったし、その場合は、世界が、バイデン大統領が想定したような専制主義国家と自由主義・民主主義国家の世界を二分する対立がより鮮明化すると思われたからだ。

しかし、中国はロシアの侵攻に対してはまず憤りを感じたし、とりわけ中国が北京五輪、パラリンピックを行っていた時の端境期にはじまったこの戦争は、プーチンの想定していた三日程度で終わるはずもなく、パラリンピックの期間を台無しにした。さらにロシアを軍事的に支援などすれば、中国にも制裁が発動されるのは間違いなく、中国はロシアを見放したかったことだろう。しかし、ロシアを突き放せば、米国との対抗図式に揺らぎが生まれることが想定され、それは中国国内対応の面でも避けたい事態であった。そのため、中国はロシアを表立って批判せず、国連におけるロシア批判決議などでも棄権などで態度を表明せず、また、経済関係を維持するという形で、間接的にロシアを支えた。

ただし、今回のことでロシアのジュニアパートナー化は完全に決定的になり、今後、中国はロシアの天然ガスや石油を安く買い叩く一方、ロシアが制裁で輸入に苦しむ中、多くのものを高く売りつけてゆくのだろうと思われる。

このように、ロシアのウクライナ侵攻は、中ロ関係の新たな一ページを刻むと考えられるが、中ロ関係は長い歴史の中で考えてゆく必要がある。時に中ソ関係であった両国関係は歴史の中でさまざまな関係性を刻んできた。それら歴史のさまざまなページが、今の中ロ関係を形作っているわけである。

本書では、中国の専門家と旧ソ連地域の専門家の対談によって、中ロ関係を歴史的パースペクティブも踏まえて浮き彫りにしてゆく。今後の中ロ関係を占う上でも多くのヒントがあるはずだ。

一日も早いロシア・ウクライナ戦争の終結と世界平和を祈りつつ……。

二〇二二年一一月

廣瀬陽子

日本人が知らない！　中国・ロシアの秘めた野望／目次

二章
「同盟の時代」から論争、対抗、交渉を経て「協調の時代」へ

三章
ソ連崩壊後の中国、ロシア、アメリカの関係を読み解く

四章

プーチン政権誕生で変わりだした中国とロシアの関係

五章 習近平政権でますます進む中ロの蜜月

六章 中国、ロシア、アメリカの思惑を読み解く

七章 ウクライナ侵攻で中国、アメリカは何を決断したか

八章 中ロの共闘はどこまで深化するか

九章 三期目がスタートした習近平政権とウクライナ戦争の行方

一章

ユーラシア大陸の二つの大国

中国とロシアの共通点

近藤　二〇二二年二月二四日、ロシアがウクライナに侵攻しました。このロシアが仕掛けた戦争について、中国はロシア寄りのスタンスのように映り、また一方でロシアと距離を置いているようにも見えます。

実際のところ中ロの関係はどのようなもので、両国の関係はウクライナ戦争にどのような影響を与えるのか。そしてウクライナ戦争後、世界における両国の存在感はどのようなものになるのか。これらをロシア問題を専門とする廣瀬さんと、両国の歴史や国民性、周辺国との関係などを踏まえながら、たっぷり議論していきたいと思います。

廣瀬　よろしくお願いします。

近藤　まず私から質問させていただくと、中国とロシアは、ユーラシア大陸に巨大な国土を持つ似た者同士です。ただ中国が完全にアジアの国であるのに対し、ロシアはヨーロッパ的要素もあります。ロシアをヨーロッパと捉える人もいれば、ユーラシア大陸における独特な国と捉える人もいます。この点、いかがでしょうか？

廣瀬　国土で見るとロシアは、ウラル山脈が分水嶺で三割ぐらいがヨーロッパに属しています。逆に言うと七割はアジアで、圧倒的にアジアの国であるのが現実です。ロシア人というと白人で金髪というイメージが強いと思いますが、実際はアジア系の顔をした人もかなりいるわけです。

近藤　セルゲイ・ショイグ国防相も、アジア系の顔ですね。

廣瀬　ショイグ氏は少数民族であるトゥヴァ人ですね。ロシアには、アジア系の顔の人もいるし、ロシア正教以外を信仰する人も多いのです。イラスム教徒は非常に多いですし、仏教徒もいます。ロシア人、というと金髪、白人、キリスト教徒というイメージが持たれるかもしれませんが、むしろそうではないケースの方が多いのです。

近藤　かつてプーチンに弾圧されたチェチェン人は、イスラム教徒ですね。

廣瀬　そうです。ウクライナ侵攻でも、特に九月に部分的動員が導入される前は、非ロシア人が主に前線に送られていました。中でも、ダゲスタン人、ブリヤート人やチェチェン人に多くの死者が出ていたと言われています。

開戦後、部分的動員が始まる前は、志願兵を募っていましたが、すべて地域ごとです。いちおうモスクワ市でも募集していますが、募集対象は地方の人間であって、首都やサンクト・ペテルブルグなど大都市の人間はほとんど戦地に行っていませんでした。志願兵の中心はアジア部や北コーカサスなどロシア辺境の人々です。国内にかなりの民族差別があり、アジア系やイスラム教徒の人たちが汚れ役をやらされているのです。彼らは、例えば教師などとして普通に働いていても賃金が低くて家族を養えないため、兵士にならざるを得ない人も多いと聞きます。

近藤　シベリア系はどうですか。

廣瀬　やはり赴いていますね。

近藤　極東からも行っているのですね。確かに中国も一九八九年の天安門事件の際、天安門広場への突入を命じられたのは、地方出身者や少数民族からなる戦車部隊だったという話があります。

廣瀬　ロシアと中国は統治構造も、歴史的に似ていますね。

近藤　そう思います。とくに一七世紀初頭から二〇世紀初頭までのロシアのロマノフ王朝と、中国の清朝。絶大な力を持つツァーリと皇帝がそれぞれ君臨し、全国民を付き従わせる体制でした。

廣瀬　中国もロシアも非常に国土が広い。広い国土を抑えるにはある程度、強権的な指導者が必要です。絶対的な権力を持つ皇帝の存在は、正当性を持ちやすいのだと思います。

最初は中国のほうが立場が強かった

近藤　一方、中国とロシアで違うと思うのが国境の概念です。中国の場合、確かに広い国土を持っていますが、歴史的に国境の概念がありませんでした。「皇帝様の統治の及ぶ範囲が中国の国土」というわけで、例えば中国とベトナムは、「ここが国境」といった線引きはありませんでした。

中華思想（華夷《かい》思想）なので、中心に宗主国である中華があり、周囲に属国である夷狄《いてき》がいる。すなわち「冊封《さくほう》体制」ですが、これら皇帝の威光の及ぶ範囲がすべて中国の領土という発想です。

廣瀬　いわゆる「中華圏」ですね。

近藤　はい、そうです。例えばヒマラヤ山脈を越えてインドまで行くと、皇帝なんてどうでもいいと思っています。するとそこはもう中国ではない。日本も海を隔てて、多くの時代に中国の皇帝など拝んでおらず、独自の暦《こよみ》を持っていたので、やはり中国ではない。それが彼らの考え方で、具体的な国境の線引きなどやったことがないのです。

廣瀬　ロシアの場合、ロマノフ王朝時代に西洋のウェストファリア条約（一六四八年制定）の法体系に入っています。「ここまでがロシア」「ここまでがドイツ」としっかり国境を定め、主権国家間の国際関係が成立した。この発想自体が西洋的です。国際法の概念を持っていたといえるでしょう。

しかし、持っているはずなのに、それに従わないのがロシアだったりもします（笑）。もちろん概念的には、ヨーロッパの世界システムを間違いなく把握していました。そこは間違いありません。

近藤　中国の場合、中華思想に凝り固まり、西洋の法体系を理解しようとしない。皇帝が一番偉く、「万人が皇帝様にかしずけ」という発想です。外国人に対しても同様で、平等条約なんてない。すべて「朝貢外交」で、「三跪九叩頭《さんききゅうこうとう》の礼」を外国人にもやらせていました。三回跪いて九回頭を地面に頭をこすりつけるというもので、「皇帝様にかしずけば、貿易してやる」というわけです。

廣瀬　ロシアと中国が最初に締結した条約は、一六八九年のネルチンスク条約です。両国の境界線などを定めたもので、これが中国にとって華夷思想とは違う、初のヨーロッパ系との条約ですよね。

近藤　その通りです。ただこの条約は、奇々怪々です。まず中国側とロシア側とで案文が違う。中国側は「ロマノフ王朝が清朝に朝貢してきた」という書き方で、華夷思想に則ってロシアが中国に朝貢してきた形になっています。一方ロシア側は、ヨーロッパ式の「対等な関係」です。

かつ正文は、ラテン語で書かれたのです。清国は満州族が支配していたので、正式文書には満州語と中国語が使われていました。満州語・中国語とロシア語をわかる人間がいなかったので、通訳したイエズス会の神父がラテン語で条約を書いたのです。

廣瀬　中国とロシアが初めて条約を結ぶにあたって、西洋文化が介在していたというのは面白いですね。

そして次に結ぶのは、一七二七年のキャフタ条約です。これは当時曖昧だった外モンゴルの支配領域を中国領と確定するものです。この頃までは中国の華夷思想を、ロシアも半ば承認しています。

近藤　それは当時の中ロの交易において、ロシアの方が中国から欲しいものがたくさんあったからでしょう。茶葉、陶器、絹織物など、さまざまなものが欲しかった。

一方中国は、ロシアから欲しいものが毛皮くらいしかなかった。毛皮も、中国東北地方のもので間に合わせることができた。だからこの頃までは、中国が偉そうにしていたのです。

廣瀬　それが一九世紀になると、ロシアは中国よりも上位に立つようになります。

近藤　そうなんです。とくに一八四〇年のアヘン戦争でイギリスに大敗を喫したことが決定的でした。屈辱的な南京条約で、イギリスに香港島を取られ、上海など五港を開港。それを見たロシア、フランス、アメリカなど、欧米列強が襲いかかってきて、海岸沿いから削り取られていきました。いわゆる「屈辱の一〇〇年」の始まりです。

廣瀬　加えて不幸だったのが、ロシアとの間に六〇〇〇キロにも及ぶ長い国境があったことです。イギリス、フランスなどは海から来ますが、ロシアは陸から来るので防ぎようがない。完全にお手上げ状態ですね。

近藤　そうです。清国は陸軍も海軍も近代化が遅れ、対ロシアに関しては、最初の二つの条約はまともでしたが、アヘン戦争以降は、むしり取られていく感じです。

ロシア人が持つ「奪い返した」という感覚

廣瀬　確かに中国には「ロシアにずいぶん領土を取られた」という感覚があります。大学の授業で「日本とロシアには北方領土問題があります」と話すと、中国人留学生は必ず「我々はロシアにもっと広い領土を取られた」という話になります。こういう話は中国で共有されているのですか？

近藤　されています。以前、中国の高校の歴史教科書を読んだことがあります。そこに「中国は一五四万平方キロをロシアに取られた」という内容が書いてありました。

例えば一九六四年三月の中ソ国境交渉でも、中国側代表の曽涌泉《そゆうせん》外交部副部長がソ連側代表のP・I・ジリャノフ国境警備隊長に対して、次のように述べています。

「ロシアが中国から奪った領土は、愛琿条約（一八五八年）により六二・八万平方キロメートル、並びに沿海州を共有の地とされ、北京条約（一八六〇年）により約四〇万平方キロメートル、チュグチャク議定書（一八六四年）により四四・四万平方キロメートル、ペテルブルク条約（一八八一年）により一・三万平方キロメートル以上、イリ地方の線引き（一八八二年）により一〇〇〇平方キロメートル以上、新疆北部の線引き（一八八三年）により約一・五万平方キロメートル、新疆南部の線引き（一八八四年）により四・二万平方キロメートル、チチハル議定書（一九一一年）により一四〇〇平方キロメートル、ホルゴス川の境界画定（一九一五年）により三〇万平方キロメートルを失った。これら一五四万平方キロメートルの領土を要求しないことは、中国の非常に寛大な態度である」（井出敬二著『〈中露国境〉交渉史』P一〇二）

廣瀬　一五四万平方キロといえば、日本の国土の四倍ぐらいです。それを何世代にも亘って語り継ぎ、若い人も「これだけの領土をロシアに取られた」という感覚を持ち、いずれ取り返そうと思っている。中国人の愛国心の深さを強く感じますね。

近藤　ただ、現在の中国では、こうした議論はタブーです。習近平政権はウラジーミル・プーチン大統領政権とべったりなので、ロシアの悪口は許容しない。日本の悪口ならOKですが（笑）。

ところでロシア側では、中国の領土を奪ったという意識はあるのですか？

廣瀬　ないです。あくまで戦争を通じて、正当に領土を拡張してきたという意識です。基本的にヨーロッパでは戦争によって領土が変わってきたので、「固有の領土」といった考え方が馴染みません。例えば日本は北方領土を「固有の領土」と言っていますが、その概念はロシアやヨーロッパでは通じません。

近藤　領土は変わるものだという考え方は、アジア的な感覚からすると新鮮ですね。

廣瀬　そうです。「固まって何かがある」という概念自体、彼らには馴染みがないのです。だから「北方領土を取られた」という感覚はアジア人特有のものという気がします。

国境も同じで、一九六四年の中ソ第一段階国境交渉で、ソ連は中国を相手にしていません。中国は「一五四万平方キロメートル取られた」などと持ち出しましたが、ソ連は「そんな争点はない」と突っぱねています。もともとこれらはロシアの土地で、自分たちは取り返しただけという考え方なのです。こうした考えを、今も普通に持っています。

近藤　今のウクライナ戦争も「ウクライナを取り返しているだけ」ということですね。

廣瀬　プーチン大統領が侵攻にあたって再三口にしたのが「ピョートル大帝」という言葉です。ピョートル大帝は一八世紀にスウェーデンに侵攻して領土を取りますが、これも「奪い返しただけ」と説明しています。

これまでロシアが取ってきた土地は、他国から見れば「奪われた」という感覚でしょうが、ロシアからすると「取り返した」となるのです。

近藤　中国も同じ感覚を持っていた時期が何度かあります。例えば一三世紀から一四世紀後半にかけて、モンゴルが元王朝を築き、今の中国とロシアを支配していました。当時の元は、ユーラシア全域にわたって支配していましたから。

その後モンゴルが衰退すると、中国とロシアは領土を取り返します。あの時の漢民族は「取り返す」という感覚でした。ロシアもたぶん、そうでしょう。

中ロが少数民族の研究をする理由

近藤　でもロシアは、まさか日本列島までを「自国の領土」とは思っていませんよね（笑）。

廣瀬　さすがに日本全土については違いますが、北海道まではロシアだと考えています。彼らの主張の根拠となるのがアイヌ民族で、確かに、アイヌ民族の一部はロシア帝国に納税していました。「アイヌ民族が住んでいた」というのが、北方領土やサハリンを所有する正当性の一助になっています。

そして北海道にも、アイヌ民族が住んでいた。そこから「北海道はロシア」と言われてしまう根拠が生じるのです。実際、第二次世界大戦後にヨシフ・スターリン政権は、北海道の半分を取ろうとしていました。

近藤　油断のならない国ですね。一九四五年の時はアメリカが阻止して助かった。

廣瀬　ただ厳密に言うとアイヌ民族にもいくつかの系統があり、日本にいる人々は、千島列島にいる人々とは若干違います。アイヌ民族の専門家からすると「一緒にするな」となるようです。でもロシアは「取れるものは取る」という感覚なので、アイヌ民族から徴税していたから「アイヌ民族がいた土地はロシアのもの」というわけです。

近藤　私も以前、北海道でアイヌ民族の人々を取材したことがあります。その時、立派な顎《あご》ひげを蓄えた長老に、「アイヌ民族と日本民族の違いは何ですか」と尋ねると、「熊と共存できるかできないかだ」と言うんですね。熊はアイヌ人を襲わないんだそうです。先日、北海道へ行った時、過疎化で村落へ下りてくる熊の被害の由々しき実態を見て、アイヌの長老の話を再認識しました。

廣瀬　北海道に住んでいるアイヌ民族の人々は、むしろ江戸幕府と関係を持っていました。それでも「民族的には一緒」というのがロシア側の主張です。ここがロシアの狡猾なところで、実際、世界で最もアイヌ研究が進んでいるのはロシアです。サンクトペテルブルクに世界最大のアイヌ資料館があると言われています。「少数民族は政治的に利用できる」という思惑もあるのでしょう。極めて詳細に調べているようです。

近藤　確かに中国の福建省でも、沖縄の琉球民族について詳しく調べています。少数民族を担当する大がかりな部署が、政府にも共産党にもあります。

廣瀬　一部の中国人は沖縄の所有を主張していますからね。

近藤　「もともと琉球王国として独立していて、清国に朝貢していたのを、日本が明治時代になって不当に占領した」という主張です。少数民族を利用しようというところは同じかもしれないですね。そもそも民族が多いですから。中国には全人口の九一・五パーセントを占める漢族を始め五六ありますが、ロシアはもっと多いのではないですか。

廣瀬　多いと思います。北方の少数民族など含めると、把握しきれないほどだと思います。

近藤　今のロシアは、中央アジアのどのあたりまでを「ロシアのもの」と考えているのでしょうか？

廣瀬　「ロシアのもの」を、ロシア領ではなく、ロシアの影響圏（勢力圏）と定義すると、旧ソ連圏、ロシアが言うところの「近い外国」になると思います。旧ソ連の領域は絶対に侵されたくない。でも最近は中国にかなり侵されているので、腹立たしい思いをしています。

それ以外のモンゴルやアフガニスタン、パキスタンなどは「影響を及ぼしたい」とは思っているけれど、支配下に置こうとは思っていない。そしてチベットやウイグルには、ほとんど関心がありません。ただし旧ソ連にはカザフスタン人やキルギス人、ウイグル人もかなりいましたし、現在もカザフスタン、キルギスは、ウイグル問題にはかなりセンシティブで、ロシアにとってもまったく他人ごとではないという思いもあります。

近藤　新疆ウイグル自治区に行ったことがありますが、ウイグル族だけでなく、カザフ族やウズベク族など、計一三の民族が伝統的に暮らしてきました。人口約一・二万人に過ぎませんが、ロシア族もいます。

少数民族でウイグル族に次いで多いのは、カザフ族です。山沿いのカザフ族の村にも行きましたが、口笛吹いて天空の鷹を呼び寄せ、肩に載せて遊んだりしていて、のどかそのもの。ウイグル族の居住区とは別世界でした。

廣瀬　はい、ですからロシアは中国のウイグル人弾圧に無関心ですが、キルギスやカザフスタンでは、反中抗議行動もかなり起きています。

近藤　一九四九年の新中国建国後、新疆ウイグル自治区は中国共産党の支配下に置かれます。その五年後には新疆生産建設兵団なるおっかない組織まで新設して、ウイグル族を掌握していきます。

しかしながら、一九五八年から始めた「大躍進」の失敗による三年飢饉や、一九六六年から一〇年続いた文化大革命の時などは、新疆ウイグル自治区から周辺国への脱出が続出しました。

廣瀬　その際にソ連は、利用価値のある人は引き取るけれど、そうでない人にはひどい仕打ちをして国境紛争にもなりました。

近藤　そうでしたね。新疆ウイグル自治区を回って実感したのは、周囲に遮るものが何もない中で多民族が暮らすこの地域の「掟《おきて》」は、古代から現在に至るまでただ一つ、弱肉強食だということ。そのことは現在の共産党政権とウイグル族の関係からも一目瞭然です。

廣瀬　そう考えた時、ロシアが中国を恐れているのは間違いないと思います。二〇二二年のロシアのＧＤＰは、中国の一割を切ったと予想されていますから。

ソ連は崩壊したのではなく「解体」した

廣瀬　ただし恐れる一方で、中国に頼らなければ、もはやロシアは存続できないことも確かです。今のロシアはどんどん立場が弱くなっていて、明確に中国の「ジュニアパートナー」に成り下がりました。中ロが対等な関係でなくなったのは、二〇一八年頃からもはや明白になっていましたが、「中国は成長し、ロシアは衰退する」といった感じで、格差がどんどん広がっています。

近藤　しかし重ねて申し上げますが、習近平政権はこの一〇年間、「ロシアに奪われた一五四万平方キロメートル」は封印し、「中ロ蜜月」に徹してきました。そこが欧米や日本に対する強硬な態度と異なる点です。

中国外交部の報道官は二〇二二年の二月と八月、「義和団事件の暴挙が再び可能と思うな！」と西側メディアの特派員に噛みつきました。しかし義和団事件で北京を占領した「八カ国連合軍」には、ロシアも含まれていた（笑）。大連だって、ロシア人が勝手に占領して「ダルニー」（遠方の地）と呼んだことから起こった地名です。

それなのに習近平政権は、「中華民族の偉大なる復興」をスローガンに掲げ、ロシアを除く欧米や日本に蝕《むしば》まれた「屈辱の一〇〇年」を元に戻すのだと躍起になっている。

廣瀬　それはロシアがソ連解体以降、ずっと囚われてきた感覚でもあると思います。

近藤　そう言われれば、似ていそうですね。

廣瀬　その意味で中ロは「反欧米」で結束できる。

近藤　まさに「欧米の民主だけが世界の民主ではない」という論理ですね。習主席とプーチン大統領が会談すると、いつもその話で共感しあう。

ソ連が崩壊した時の中国の外相で、のちに副首相になる銭其琛《せんきしん》氏が、回顧録で当時の様子を語っています。「情勢の急変で、(王藎卿《おうしんきょう》大使の)信任状の奉呈に間に合わないうちにソ連邦は消滅してしまった。ソ連国家元首宛の信任状は使用不能になってしまった」。

廣瀬　ソ連の解体なんて、当時のミハイル・ゴルバチョフ大統領すら想定していませんでした。

ソ連解体は一九九一年一二月ですが、その前にモスクワで八・一九クーデターがありました。当時、ゴルバチョフ大統領は国内では完全に権威を喪失していました。他方、あのクーデターで、新生ロシアの初代大統領となるボリス・エリツィンは名をあげたのです。

あの時期にゴルバチョフ大統領は、休暇でクリミア半島にいました。あそこは昔から避暑地でサナトリウムなども充実していて、偉い人たちがみんな静養に行っていたのです。

その間に、ペレストロイカ（改革）などの政策に不満を持っていた保守派がクーデターを起こしたのです。この時に自ら町に繰り出し、市民に団結を呼びかけたのが、エリツィン大統領です。

近藤　格好よかったですね、戦車に乗ったりして。ＣＮＮが、下から煽《あお》るいいアングルで放映していました。

廣瀬　あの時のエリツィン大統領はまだ「酒飲み」という感じはなく、精悍《せいかん》でした。ソ連では宗教を「アヘン」だとして禁じていましたが、この時エリツィン大統領らはロシア正教を味方につけたのです。市民に「心を穏やかに」するようにと聖書を配ったりもしました。ロシア正教とロシア国家を全面に打ち出し、ソ連ではなく、国家としてのロシアの復活を図り、そしてその政権をとろうとしたのです。

当時のエリツィン大統領は、できたばかりのロシア共和国共産党の初代党首で、大統領という立場でした。それまでソ連におけるロシアは曖昧な存在で、ソ連に一五ある共和国の中でロシア共和国が前面に出ることはありませんでした。ソ連とロシア共和国がほぼ同一視されていたからです。共産党もソ連にはソビエト連邦共産党、そして各ソヴィエト社会主義共和国にはアゼルバイジャン共産党、アルメニア共産党など、それぞれ共産党がありましたが、ロシア共和国だけ国家に紐《ひも》づいた共産党がありませんでした。

近藤　そうやってエリツィン・モスクワ市長をヒーローに仕立て上げたのが、ゴルバチョフ書記長のペレストロイカ（改革）やグラースノスチ（情報公開）だったというのは皮肉ですね。

廣瀬　そう思います。ゴルバチョフ大統領がペレストロイカを進める過程でロシア・ソビエト連邦社会主義共和国共産党（九〇～九一年）がつくられ、エリツィン大統領が党首に就いたのです（ソ連解体後は、九三年にロシア共産党が結党された）。長らく曖昧な存在だったロシアを、国家として蘇らせたのがエリツィン大統領だったと言っても過言ではないでしょう。

八・一九クーデターでエリツィン大統領は、「今こそロシア国民よ、頑張れ！」と檄《げき》を飛ばし、愛国的な国民に訴えかけました。そして、保守派は民心を獲得できず、クーデターは失敗します。でもモスクワに帰ってきたゴルバチョフ大統領をもう誰も相手にしなくなるのです。

近藤　遠く東京から見ていても、哀れでしたね。

廣瀬　代わってロシア人は、ロシア共和国のエリツィン大統領に期待するようになります。他の共和国もそれぞれ独立宣言をしていましたが、その流れは八月クーデター以後加速し、独自路線を進みだしました。ソ連の求心力がまったくなくなり、ゴルバチョフ大統領も「西側にだけ人気があるおじさん」という感じになりました。そのことも、ソ連の人々を苛立《いらだ》たせていたようです。ソ連をボロボロにした上に、各地で起きていた抗議行動や民族問題などに軍を送って力で制圧しようとし、多くの流血の惨事まで引き起こしていたゴルバチョフが西側では評価され、ノーベル平和賞まで授与されていたことを苦々しく思う人は少なくなかったと聞いています。

近藤　当時、私は毎週、「ゴルビー頑張れ」みたいな記事を書いていました。でも、最初は大々的な特集記事だったのが、ゴルビーが劣勢になるにつれ、記事のスペースも徐々に小さくなっていった（笑）。

廣瀬　もはやソ連の維持は不可能となり、ソ連を牛耳っていたスラブ系民族のロシア、ベラルーシ、ウクライナのトップらがベラルーシのベロヴェーシの森の政府別荘に集い、ゴルバチョフに何の相談もなく、独断でソ連の解体を決めます。その場にいたスタニスラフ・シュシケービッチ・ベラルーシ最高会議議長の回顧録やその他の証言によれば、彼はエリツィン大統領に「私はアメリカのブッシュ大統領に電話するから、お前はゴルバチョフに電話しろ」と言われたそうです。

「嫌です。あなたがかけてくださいよ」と断ると、「私はあんな奴とは口をきかん」と答えたと。

近藤　何と生々しい（笑）。でもそのシーンは、何となく想像できます。

廣瀬　それでエリツィン大統領は、まず最初にアメリカのジョージ・W・ブッシュ大統領、つまりパパ・ブッシュに電話した。つまり、この集会の参加者以外でソ連解体を世界で初めて知ったのは、ブッシュ大統領なのです。ブッシュ大統領も「よろしい」と返事した。

次にシュシケービッチがゴルバチョフ大統領に電話すると、彼は一瞬、受話器を落としたそうです。事が完全に決まっていたことを突然知らされ、しばらく反応がなかったと。そして一二月二五日にソ連解体となり、ソ連を構成していた一五の共和国が独立し、バルト三国を除く一二の共和国がＣＩＳ（独立国家共同体）という形で、緩やかな共同体を組むことになりました。一二の共和国と言っても、加盟の足並みにはばらつきがありましたし、脱退したり、トルクメニスタンのように準加盟という微妙な関わり方をしている国もありますが、ロシアを中心とした旧ソ連諸国のある種のまとまりを保つためのベースになったことは間違いありません。

このあたりの経緯について、マスコミはよく「ソ連崩壊」と言いますが、ロシア史の研究者は崩壊ではなく「解体」と言うべきだと言います。人為的に解体されたからです。崩壊というと自然に壊れた印象ですが、そうではないと。

ジェントルマンだったゴルバチョフ、予測不能なエリツィン

近藤　私は東京で、ゴルバチョフ大統領もエリツィン大統領も近くで見たことがあります。ゴルバチョフ大統領は九一年四月の最初で最後の訪日時です。衆議院議長公邸で行われた歓迎式典に、雑誌記者代表として行きました。

この時のハイライトシーンは、車椅子姿の安倍晋太郎元外相との「再会」でした。安倍氏は膵臓《すいぞう》がんを患って余命いくばくもなく、痩せこけた体を隠すため、綿を腹巻のように詰めた上に背広を着ていました。そんな安倍氏を、ゴルバチョフ大統領は溌溂《はつらつ》とした表情や仕草で気遣い、励ました。そうした様子は、一九七八年に中国の指導者として初めて来日した鄧小平副首相を髣髴《ほうふつ》とさせましたが、鄧小平氏は身長一六〇センチメートルにも満たない短躯なので、ゴルビーの方が格好よかったですね。

廣瀬　私はゴルバチョフ大統領と握手したことがあります。

近藤　えっ、本当ですか？

廣瀬　慶應義塾大学一年生の時、日本の六大学の学生を対象とした「ゴルバチョフ、日本の学生と語る」という記念講演会があり、参加できた人数も少なかったので、この時ゴ

ルバチョフ大統領と握手できました。本当にジェントルマンで、オーラや気品もあり、「この人はすごい」と思いました。

近藤　それは羨ましい。どんな話をしたんですか。

廣瀬　「未来思考」といったテーマでした。抽象的ですが、説得力があるのです。彼はもともとまったくの無名人で、最初に引き上げたのはユーリ・アンドロポフ共産党書記長です。ただアンドロポフは就任から一年ちょっとで亡くなってしまう。

近藤　あの頃はレオニード・ブレジネフの死後、アンドロポフ、コンスタンティン・チェルネンコと、書記長二人が一年半ぐらいで次々に亡くなりましたね。

廣瀬　ブレジネフの時代は「暗黒の時代」と呼ばれ、ものすごく硬直した「安定と暗黒」といった感じでした。

近藤　トップは代わっても、外務大臣はずっとアンドレイ・グロムイコで、国連安保理でいつも「ニエット（ノー）」と言うので、西側から「ミスター・ニエット」と呼ばれていましたね。

廣瀬　はい、そうです。そして、ブレジネフのあとのアンドロポフはKGB（国家保安委員会）出身でしたから、やはり国際的な期待値は高くなかった。ところがゴルバチョフを抜擢し、ソ連改革の糸口を作ったのは、まさにアンドロポフでした。

ただその時は保守派の勢いが非常に強く、アンドロポフに対する反発も大きかった。そして、再び、保守的な指導者であるチェルネンコが選ばれ、また保守に逆戻りかと思っていた矢先に、一年ちょっとで亡くなってしまう。「次のトップを誰にするか」となった時に、いろいろな意見が出る中、アンドロポフが推していた人物ということでゴルバチョフの名も出てきた。最後はグロムイコが、ゴルバチョフを強く推して決まったようです。

近藤　グロムイコ外相が賛成したのは興味深いですね。彼は北方領土返還論者でもありましたし、単に「ニエット」を連発する頑固者ではなかったということですね。

チェルノブイリ原発事故がグラスノスチを進めた

廣瀬　抜擢されたゴルバチョフはソ連の改革が必要だと考えます。そのために、一九八五年五月にまず始めたのが法令「飲酒・アルコール依存症克服対策について」の採決に伴う反アルコールキャンペーンでした。ソ連時代は働いても働かなくても、給料が同じです。職場に行ってもみんなグダグダと酒を飲んだり寝たりして、一カ月のうち、最後の三日間だけノルマをこなすために働くといった感じの人も多かったと聞いています。

でも例えば、ある工場で、一カ月に乗用車一〇〇台の生産ノルマがあったとして、それを三日でつくろうとするからポンコツしかできない。ドアを開けたらポロっと外れるとか、ドアを開けると車内に何もないとか、欠陥率九九パーセントといった感じだったそうです。このような惨状がソ連を衰退させるということで、また、寿命の短さの要因になっているとして、「酒を飲ませるな」とアルコール追放キャンペーンを始めたのです。

近藤　でもロシア人相手に「禁酒法」やっても無理でしょう。そもそも古今東西、「禁酒」を呼びかけて成功したのは、イスラム教の創始者ムハンマドくらいではないですか(笑)。

廣瀬　そうなんです。大きな反発があったのはもちろん、多くの方が既にアルコール中毒でしたから、飲めないとなると医療用アルコールを飲んだり、ひどいケースではライター用アルコールまで飲んだりした。それで死亡するケースも増えたので、アルコール追放キャンペーンは早々に中止されます。改革を志したものの、最初からうまく行かなかったのです。

それでもゴルバチョフは改革を諦めず、ペレストロイカ（改革）に着手します。ペレストロイカの言葉が、広く公に示されたのは、一九八七年のロシア革命七〇周年記念の軍事パレードの際に掲げられた立て看板でした。ペレストロイカと並行してグラスノスチ（情報公開）も手掛けますが、そもそも既得権益者が既得権を維持するには、本当のことを国民に知られてはいけないのです。既得権益者とは保守派のことで、自分たちだけが甘くおいしい生活をしていたい保守派により、グラスノスチはなかなか進まなかった。そうした中で起きたのが、一九八六年四月のチェルノブイリ原発事故です。

近藤　一九七九年にアメリカでスリーマイル島原発事故が起こって、人類が肝を冷やしたと思ったら、今度はその七年後に、ヨーロッパでさらに大規模な事故が起こった。

廣瀬　そうです。事故から数日間は隠していました、しかし放射能は嘘をつかないので、ヨーロッパでも探知されるようになった。最初にキャッチしたのは、おそらくスイスの研究所です。放射線量が異常値を示し、理由を調べるとソ連から流れてきていることがわかった。

さすがにヨーロッパへの悪影響が大きいので、ソ連としても逐次情報を提供しなければならなくなった。こうして、はからずもグラスノスチが進んでしまったのです。そこからなし崩し的に、ソ連が隠していたさまざまな情報が出てくるようになった。

近藤　チェルノブイリ原発事故がグラスノスチを押し広げたというのは興味深い話ですね。

廣瀬　ええ。少数民族やバルト三国などへの弾圧、モロトフ・リッベントロップ秘密議定書（独ソ不可侵条約秘密議定書）など、ソ連が認めてこなかったものもどんどん出てきて、これまでの嘘がバレてしまった。

そこからソ連全体で各民族のナショナリズムが高まり、さまざまな抗議行動が起こるようになりました。最初は環境問題などをテーマにするものが多かったのですが、次第に、政治性を増し、民族の権利や独立を訴える運動が増えていきました。民族紛争が多発し、手の施しようがなくなっていくのです。

ただゴルバチョフには、ソ連を解体する意志はまったくありませんでした。おそらく今の中国みたいな国にしたかったのでしょう。経済をてこ入れして、強い国としてソ連を蘇らせようとしていたはずです。ところがグラスノスチなどでなし崩し的に綻《ほころ》びが露わになり、改革もことごとくうまくいかなかった。

いろいろな改革案が出るけれど、それらをうまくまとめられなかった。全部のいいところを足して割ったような、中途半端な改革しかできなかった。そもそも経済がボロボロでしたから、もはや手がつけられない状況に至っていたとも言えます。

近藤　それで、ゴルビーとはまったく異なるキャラクターのエリツィン登場となったわけですね。

廣瀬　そうです。エリツィンの豪快さ、力強さは、ゴルバチョフとは全く違う雰囲気で、ロシア人に期待感を持たせたと言えます。

近藤　私が間近で見たエリツィン大統領も、ゴルバチョフ大統領とはまた別な意味で、強烈な印象を残しました。一九九八年に当時の橋本龍太郎首相と静岡県の川奈で日ロ首脳会談を行ったあと、東京で経済界の少人数の集まりに出席した時です。この時も雑誌記者代表で行きました。

エリツィン大統領がスピーチのため、部屋の前方中央へ立つと、演説台の上に草稿が置かれていました。それを手に取って一瞥《いちべつ》するや、「何だこれは！」と怒り出したのです。「また官僚がくだらないことを書きやがって。こんなことばかり書くからわが国はダメなんだ！」と言って、何枚かある紙をパーッと脇に放り投げた。通訳の方は最初、きょとんとしていましたが、慌てて「今こんなことを仰いました」と律義に訳し始めました（笑）。それで何を言い出すかと思ったら、「オレは日本が気に入った。この国の人とは心が通じ合える」みたいな話でした。アメリカのドナルド・トランプ前大統領と同じで、まったく予測不能だけど、庶民ウケするんですね。

廣瀬　そうですね。ショートスリーパーで四時間くらいしか睡眠を取らず、非常にアクティブでした。しかし、そのアクティブさを支えていたのが飲酒でもあり、結局は飲酒で体調を崩して、オリガルヒ（新興財閥）に政治も奪われてしまうというような末路を辿ります。それでも一時期、ロシア人に受け入れられたことは間違いありません。

アジアの共産主義には正当性があった

近藤　再び中国とソ連の関係に話を戻すと、一九七〇年代頃までは、ソ連のほうが中国よりも、はるかに経済力が高かった。ところが中国は毛沢東亡き後、鄧小平が権力を掌握して、一九七八年末に改革開放に舵《かじ》を切った。政治は共産党一党支配による社会主義を堅持したまま、経済だけ少しずつ改革開放していったのです。

廣瀬　ソ連も最初は経済の改革から進めるはずでしたが、政治が先行してしまい、混乱に拍車をかけました。とくに政治のほうが滅茶苦茶になり、国が崩壊してしまった。

近藤　その点、鄧小平は老獪《ろうかい》でした。まずアメリカと国交正常化し、「向後の憂い」をなくした。次に農業改革に着手し、一部自由化して農家の生産意欲を高め、収穫量を増やした。

さらに都市部に経済特区をつくり、そこだけ資本主義を認めた。深圳《しんせん》のようなハイテクに特化した都市をつくり、全国の優秀な若者たちを集めた。そして最後は、人民解放軍を大幅に削減し、経済に回せる予算や労働力を増やした。このように大胆かつ綿密に改革を進め、成功させたのです。

鄧小平は、一九八九年五月にゴルバチョフ大統領を北京に招いて、中国とソ連が三〇年ぶりに和解しましたが、その会談の様子を見ていても、当時八四歳の鄧小平の老獪ぶりが際立っていました。

廣瀬　ゴルバチョフはソ連共産党書記長に抜擢されるや、一気呵成に改革しようとした。それが裏目に出た気がします。見た目はすごく格好いいし、西側諸国も応援したのですが、うまく機能しなかった。保守派の反対が大きく、権力を自分自身により集中するために、一九九〇年には大統領制度を導入し、自身が初の大統領になりましたが、それでも国は回らなかった。

改革しようとして失敗したのは、旧共産圏全体にも言えます。「東欧革命」と呼ばれ、ベルリンの壁崩壊に始まり、ルーマニアやチェコスロバキア、ポーランドなどで共産党の独裁支配が次々に崩れ、冷戦終焉に拍車をかけました。

近藤　対称的なのが東アジアの共産圏で、ほとんど崩れていません。中国、北朝鮮、ベトナム、ラオスなどです。

廣瀬　とくに成功しているのが中国とベトナムです。経済改革をうまく成功させつつ、共産党は強い支配力をキープしています。

近藤　第二次世界大戦後のアジアの発展モデルは、「開発独裁」でしたからね。そもそも第二次世界大戦まで、日本とタイ以外は、欧米や日本などの植民地でした。戦後に独立を果たした際、まずは経済発展優先ということで、強力なリーダーが独裁体制を敷いた。これが「開発独裁」です。

ところが経済発展がある程度まで進んだ一九八〇年代になって、国民が政治の民主化を要求するようになった。一九八六年にフィリピンの市民がマルコス長期政権を打倒したピープルパワー革命が先鞭をつけ、韓国、台湾……と次々に民主化していきます。

廣瀬　中国でも一九八九年に、学生や市民たちが民主化を求めて挫折した天安門事件がありましたよね。

近藤　そうです。前述のように鄧小平が戦車部隊を派遣して、力でねじ伏せた。ところがその後、共産党内で保守派が復活してきて、毛沢東時代に先祖返りしていきかけたんです。鄧小平としては、毛沢東時代から脱却しようと改革開放を始めたのに、これでは元も子もない。

そこで一九九二年、八八歳の鄧小平が、最後の大仕事をやった。それが「社会主義市場経済」。政治は社会主義を貫くけれども、経済は日米欧のような市場経済体制でやっていくということです。「若者よ、広場で拳を振り上げることは許さないが、金持ちになる自由を与えよう」というわけです。そこから経済発展に邁進していきました。

廣瀬　なるほど。もう一つアジアの強みは、共産主義ないし社会主義が民族の覚醒と結びついていることだと思います。ソ連は自発的に革命をおこなったわけですが、それ以外の国はソ連から共産主義を押し付けられたわけです。

それまでアジアの国は欧米列強や日本に支配されていた。中国も然りで、そこから独立して自分たちの自我を取り戻すという時、セットになっていたのが共産主義だったのです。共産主義を背中に背負い、民族として覚醒していった。その意味でアジアでは共産主義に正当性がある。ところが旧ソ連や旧東欧には、正当性が全然ない。確かに、ソ連は東欧をナチス・ドイツから開放し、その点は評価されました。しかし、共産主義はそれに付随して押しつけられたものに過ぎなかった。そこが共産主義を自ら受け入れたアジアと違う気がします。

近藤　それは鋭いご指摘ですね。中国では清朝が崩壊して五年後にロシア革命を目の当たりにし、当時のインテリや学生たちは「二〇世紀の太陽がモスクワから昇った」という高揚感でいっぱいでした。それで一九二一年七月に、「ソ連共産党上海支部」のような形で、中国共産党が産声を上げたわけです。結党当時、わずか一三人の地下組織が、一〇〇年の時を経て党員数九六七一万人という世界最大規模の政党に成長しました。

経済がボロボロでも大国意識を捨てないロシア人

廣瀬　一方のソ連は、一九九一年に解体してしまった。その最大の理由は、経済です。

近藤　軍事力ばかり増強して、内部から経済的に支えられなくなってしまったわけですね。

廣瀬　そうです。加えて冷戦中、西側に対峙して、東側の衛星国を養ってきた。無料あるいは格安でエネルギーや食料、さまざまな軍需物資などをどんどん供給し、仲間を維持してきたわけです。しかもソ連自体、計画経済によって経済パフォーマンスが非常に悪い。そんな三重苦でボロボロになった。はっきり言って自滅です。

根本的に間違っていたのが計画経済で、ロシアが経済的に成功できたのは市場経済への移行と石油・天然ガスからの収入があってこそだったと思います。計画経済の時代は、ありとあらゆる輸出入を管理し、国内の物流も全部管理していました。

生産量を細かく決めて、本当ならもっと生産できるはずの小麦の生産量を抑えたりしていた。逆に水の少ない中央アジアで、無理やり綿花栽培をさせたりもした。そんな非効率なことばかりやっていたのです。

近藤　とくにヨシフ・スターリンという指導者は、滅茶苦茶でしたね。計画経済で経済を疲弊させ、その一方で幹部たちを次々に粛清していく。しかしスターリンに憧れ、そっくり同じことを中国でやったのが、毛沢東でした。

廣瀬　農業だけは七〇年代頃までパフォーマンスが少しよかったのですが、それもブレジネフ時代にダメになってしまいました。自国がそんな状態なのにアメリカと冷戦を続けたのは、やはり大国意識の強さ故だったと思います。これは今も共通する話で、どれだけ強く首を締められても、音を上げない人たちなのです。

近藤　それはロマノフ王朝時代から変わってないということですか。

廣瀬　変わっていません。ものすごくプライドが高く、「大国であるためには我慢しなければならない」という意識が国民にもあるのです。

ソ連時代も、「ソ連」というものに国民がものすごい誇りを持っていました。だからソ連解体がどうしても許せず、ゴルバチョフも人気がないのです。

近藤　ソ連時代は、オリンピックでも金メダルをたくさん獲っていましたね。

廣瀬　スポーツに勝つことも冷戦の一部でしたし、国威発揚のためにも、良い色のメダルは絶対的に必要でした。

近藤　今の中国と同じですね。

廣瀬　最近のロシアは、ドーピングにまで走るようになっていますから、ひどいものです。

近藤　スポーツはさておき、後述するように、二一世紀に入る頃、ロシアにウラジミール・プーチンという強力な指導者が登場し、二〇一〇年代になって、中国にプーチン大統領に憧れる習近平という強力な指導者が現れた。まさに歴史は繰り返します。

二章

「同盟の時代」から論争、対抗、交渉を経て「協調の時代」へ

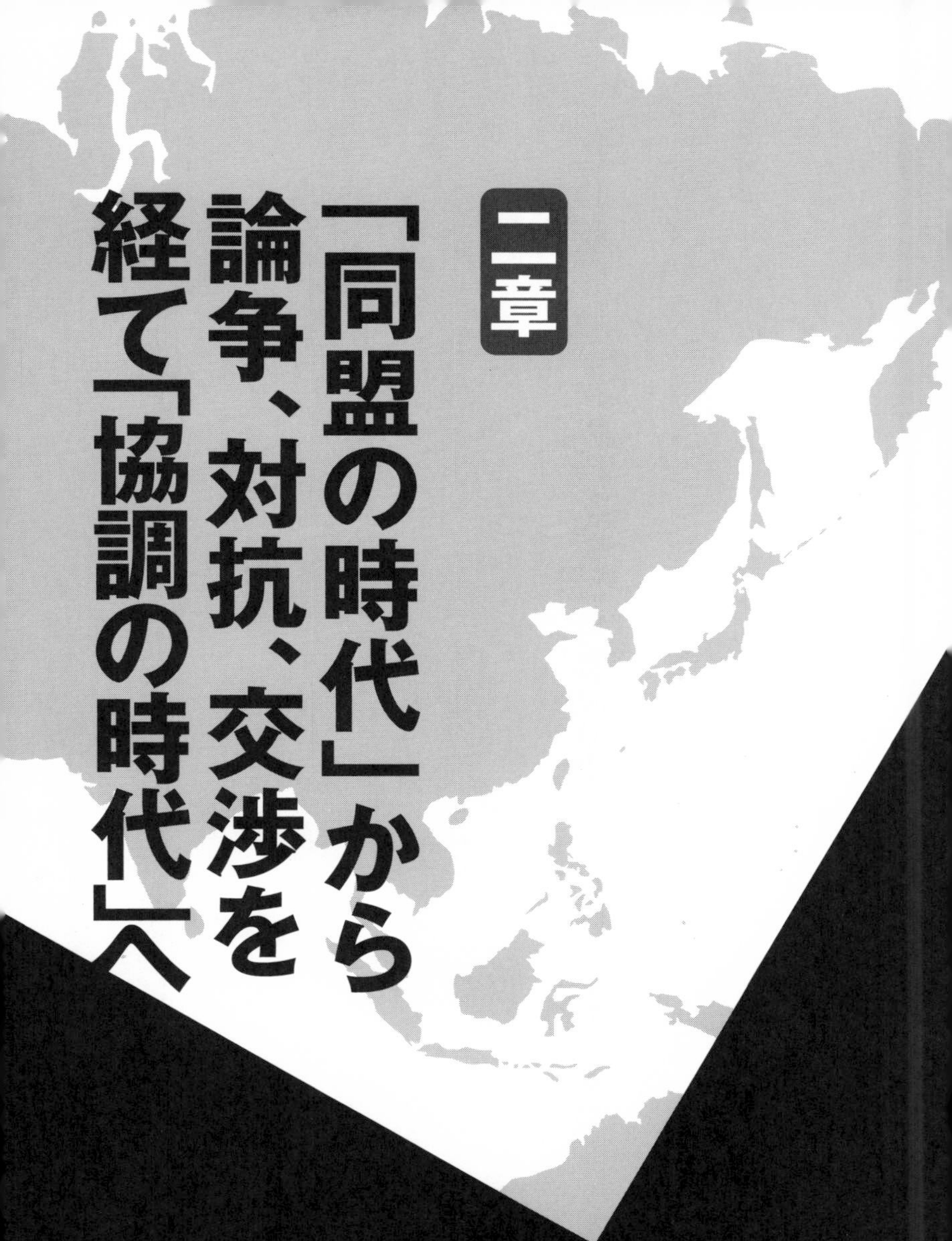

中ソの五〇年を象徴する北京大学の地下の核シェルター

近藤　一章ではユーラシア大陸の二大国である中国とロシアの共通点や相違点などについて議論しました。二章では第二次世界大戦後、中国とソ連がどのような関係を築いてきたかについて考えたいと思います。

廣瀬　一九二二年にソビエト社会主義共和国連邦が建国され、その後、中華人民共和国が一九四九年に建国されます。中華人民共和国は、もともとは中華ソビエト共和国としてはじまっていまして、中華民国統治下で一九二一年七月に結党された中国共産党がソ連の支援や指導を受けながら、国共合作・日中戦争・国共内戦を経て中華民国政府を台湾へ追いやり、毛沢東の天安門広場における建国宣言で成立したんですよね。つまり、現在の中国は、ソ連なくしては生まれなかったですし、初期の関係性はロシアが兄、中国が弟だったわけです。

そして、中国とロシアは第二次世界大戦後、中華人民共和国とソビエト社会主義共和国連邦という二つの社会主義国として向き合うことになります。

近藤　そうですね。詳しくは『台湾vs中国 謀略の100年史』（ビジネス社、二〇二一年）に書きましたが、そもそも中国共産党は一九二一年、ソ連の指導と援助によって、「ソ連共産党上海支部」のような格好で成立しました。その後も中国共産党は、常にソ連共産党の庇護のもとで生き延びた、まさに「モスクワの弟分」でした。そして一九四九年の新中国建国以降、中ソ関係は一〇年ごとに変わっていきました。

最初の一〇年は「同盟の時代」です。毛沢東は一〇月一日に建国すると、二日後にはソ連の承認を得ます。さらに一二月に、建国の報告とスターリン書記長の古稀《こき》を祝うという名目でモスクワを訪れ、三億ドルの借款協定を含む中ソ友好同盟相互援助条約を結びます。

廣瀬　それが一九五三年三月にスターリンが死去して、半年後にまったく異なるタイプのニキータ・フルシチョフが第一書記に就任。フルシチョフは一九五六年二月に開催した第二〇回ソ連共産党大会で、スターリン批判を展開します。フルシチョフは二回、訪中しますが、毛沢東のことを「世界平和を乱す危険分子」とみなしていました。

近藤　「中国のスターリン」とも言うべき毛沢東にとって、スターリンの七四歳での早すぎる死は衝撃でしたが、親欧米路線のフルシチョフの登場にも衝撃を受けました。一九五七年一〇月、毛沢東はロシア革命四〇周年記念式典に参加するため、二度目のモスクワ訪問。モスクワ大学での講演で、東側の結束を意識して「東風は西風を圧倒する」と強調しますが、フルシチョフには響かなかった。一九五九年の暮れには、ソ連から中ソ技術協定を破棄されてしまいます。
結果、一九五九年から六九年頃までは、「論争の時代」に入ります。「どちらが社会主義の正義なのか」といった論争をして、互いに敵視し合った時代です。
廣瀬　一九六九年にはついに、中ソ国境のダマンスキー島で、中ソ両軍による紛争が勃発しますね。
近藤　そうです。一九六九年から七九年までが「対抗の時代」です。敵対関係が高じて断絶し、核戦争の一歩手前まで至りました。
続く一九七九年から八九年までは「交渉の時代」です。中国では鄧小平が提唱した「改革開放」が始まり、アメリカとの国交正常化も果たした。
廣瀬　ロシアは一九七九年の末にアフガニスタンに侵攻し、翌年、日本を含む西側諸国がボイコットする中でモスクワ五輪を開催します。ブレジネフ書記長の末期の頃です。そして一九八五年三月に、ミハイル・ゴルバチョフが共産党書記長に就きます。
近藤　ゴルバチョフ書記長の就任は、中ロ関係にとっても光明でした。一九八九年五月にゴルバチョフ書記長が北京を訪れ、鄧小平中央軍事委主席と三一年ぶりに中ソトップ会談を行います。ようやく双方は和解に至り、以後一九九九年までが「協調の時代」です。
廣瀬　その間、一九九一年末にソ連が解体。大きな挫折を味わった後、新生ロシアに生まれ変わります。前章で述べたように、エリツィン大統領が日米欧、中国などとの新たな関係を進めました。

近藤　こうして一気呵成《かせい》に振り返ると、中国は建国以来、ソ連に対し、複雑な思いが交錯していたことが分かります。その間、一貫して対ソ連外交に携わった銭其琛元副首相・外相の回顧録を読むと、最初は一九五四年に国費留学生としてモスクワに行っています。生まれて初めて自国を出て、それも社会主義の「聖地」に行く。希望に胸を膨らませ、何もかもがピカピカに見えたと記しています。

ところが一年ほど経つと、次第にソ連の実態が見えてきた。ソ連人が自国の悪口ばかり言うのに気づき、メッキが剥がれるように少しずつ現実を知るようになったのです。

当時のソ連には、中国人留学生が四〇〇〇人いたそうです。とくに中国の富裕層ほど「ソ連に学べ」ということで、子弟を留学させていました。

廣瀬　中国人にとって当時のソ連は、すべてにおいて先進国でしたから。革命、社会主義、計画経済、集団農場……。中国がまだ持っていない核兵器も、すでに保有していました。

近藤　一九五九年の新中国建国一〇周年には、フルシチョフ第一書記が訪中します。中国にとっては「世紀の訪中」でしたが、フルシチョフの方は、メインの訪米の帰路、立ち寄ったくらいの感覚だったことでしょう。

北京ではこの時に「一〇大建築物」が建ちました。人民大会堂、中国革命・歴史博物館、釣魚台国賓館、北京駅、華僑ビル、民族飯店、工人体育場、農業展覧館、軍事博物館、民族文化宮。すべてソ連から技術者を招いて完成させたのです。ソ連に対して何も自慢できないから、人民大会堂に奥行き四・五メートルの世界最大のピアノを収め、フルシチョフの前で演奏した。もっともフルシチョフは呆れたようですが（笑）。

廣瀬　兵器、戦車を始め、ソ連は多くを中国に与えていました。そもそも中国共産党が国民党との内戦に勝利できたのも、ソ連からの武器援助によるところが大です。あらゆるものをソ連が中国に供与していましたが、しだいに関係が悪化していくのです。

近藤　私は一九九〇年代に北京大学に留学しましたが、この時に興味深い光景を見ました。北京大学の門を入ると、中央に清朝の宮殿のような造りのロシア語学科があります。ただし私が留学したのはソ連が崩壊した後で、ロシア語学科は不人気のため教室が余って仕方ない。そこで英文科や日本語学科など他の学科に教室を貸し与えていました。それでも余って、ついには外部の民間英会話学校にも貸した（笑）。

廣瀬　ロシア語から、英語や日本語に変わってしまったというのは象徴的ですね。

近藤　もう一つ興味深かったのが、地下の大食堂です。食堂にしてはあまりに巨大なので、大学の職員に聞いたら、ソ連との核戦争に備えた核シェルターとして造ったというんですね。地上にはロシア語学科の宮殿があり、地下にはソ連の攻撃に備えた核シェルターがある。まさに両国の関係の変化を物語っています。

フルシチョフのスターリン批判から始まった中国のソ連離れ

近藤　ところで中国とロシアは、二〇〇四年に六二四九キロに及ぶ陸続きの国境をすべて画定しましたが、国境画定協議を始めたのは一九六四年で、完全に画定するまで丸四〇年もかかりました。これだけ長い国境を抱えていて国境線が画定していないと、各地で紛争だらけです。一時は国境地帯に中ロ合わせて一五〇万人近い軍隊が張りついていました。

廣瀬　中ソの国境紛争が頂点に達したのは、一九六九年のダマンスキー島事件です。中ソが国境にしていたウスリー川の中流域にあるダマンスキー島で衝突が起きた。双方で合わせて一〇〇人近い死者が出ました。

中ソは互いに核戦争さえ覚悟します。この国境紛争で、中国は急速に「敵国」アメリカに接近していくんですよね。

近藤　その通りです。中国では当初、それほど大問題になるとは思っていなかった。ところが葉剣英《ようけんえい》元帥が、「このままだとソ連と全面戦争になる」と言い出したのです。

ダマンスキー島は中国語で珍宝島と言い、実効支配していたのはソ連でしたが、そこに中国人がどんどん入っていくようになった。そして一九六九年三月に、中国人民解放軍とソ連軍の間で衝突が起きた。七月にも衝突が起こりました。

廣瀬　これを機に中ソ両国は大使を召還するなど、完全な敵対関係に陥ります。

近藤　中国では「四元帥」（葉剣英・陳毅《ちんき》・徐向前《じょこうぜん》、・聶栄臻《じょうえいしん》）が集まり、「米帝《べいてい》」（アメリカ帝国）と「蘇修《そしゅう》」（ソ連修正主義）を比較します。これは現在にも通じることですが、三大国を「中ソvs.米」「米中vs.ソ」「米ソvs.中」「米vs.中vs.ソ」などに分けて、それぞれの場合の中国の利害得失を研究したのです。その結果、「米中vs.ソ」が中国にとってベストと結論づけた。

廣瀬　ちょうどアメリカでは、一九六九年一月にリチャード・ニクソン政権が誕生し、ヘンリー・キッシンジャー大統領安保担当補佐官のような、従来とは発想の違う人が出てきました。

近藤　キッシンジャーの回顧録などを読むと、当時のアメリカは、中国について三つのことを考えていました。第一に、ベトナム戦争を早期終結させるために、北ベトナムの背後にいる中国の協力を仰ぎたい。第二に、ソ連を封じ込めるために、中国を味方につけたい。第三に、戦前盛んだった対中ビジネスを復活させたい。こうして米中両国は急接近していくのです。

廣瀬　一九七一年七月のキッシンジャー極秘訪中ですね。

近藤　そうです。パキスタン経由で密かに北京入りし、周恩来首相と二日間ぶっ通しで会談します。これが翌七二年二月のニクソン訪中につながるのです。いわゆる「ニクソンショック」で、ニクソン訪中計画は同盟国の日本にも極秘でした。佐藤栄作首相が知ったのは、ニクソン大統領が訪中を発表するテレビ演説の数分前です。

実際、ニクソン大統領は北京で毛沢東主席と握手を交わし、上海では国交正常化を目指す「上海コミュニケ」を発表します。ここに米中は、歴史的な和解を果たしました。

廣瀬　この頃のソ連は「子分に噛みつかれた」という目で中国を見ていました。前述のように、ソ連にとって中国は、建国の時から助けてあげた子分であり、弟でした。ところが一九五六年の党大会でフルシチョフ第一書記がスターリン批判をして以来、遅れた中国よりも米欧に目を向けるようになりました。

近藤　毛沢東は一九三〇年代から、スターリンに憧れ、また助けられてきました。おそらく辺境の地から裸一貫でやって来て、熾烈な権力闘争を勝ち抜いてきた境遇や、冷酷無比な性格など、互いに共通点が多く、「阿吽《あうん》の呼吸」で理解しあえたのだと思います。

ところがフルシチョフは、大卒で党の出世の階段を駆け上がっていったエリートです。しかも「スターリン批判」を行った一九五六年の第二〇回ソ連共産党大会には、鄧小平ら中国共産党代表団も参加していました。それまで自分たちが一番手本にしていた指導者が否定されたわけですから、大きなショックを受けて帰国しました。

廣瀬　中国から見れば、フルシチョフ路線は修正主義になるのでしょうが、ソ連から見ても、中国は「アメリカ帝国」と結託したのですから、大修正主義ですよ（笑）。もともとダマンスキー島を巡る紛争があったので、中ソの断絶は起こるべくして起きたと言えます。

スターリンの悪政を六〇年代に行った毛沢東

近藤　当時の中国は国境だけでなく、国内にも問題を抱えていました。一九五八年から毛沢東が始めた「大躍進」（鉄鋼生産倍増計画と農業集団化）が大失敗し、四〇〇〇万人も餓死したと言われます。これは一九三〇年代にスターリンがソ連で行って失敗した政策を、そっくりまねたものです。その結果、毛沢東は生涯ただ一度の自己批判をさせられ、「中国版フルシチョフ」のような劉少奇が、毛沢東路線を修正していきます。

ところがどっこい毛沢東は、古稀を過ぎて一発大逆転を果たす。死にかけていたスターリンが復活するようなものです。それが一九六六年に始まった文化大革命で、一〇年続きます。「黒五類《こくごるい》」（地主・富農・反革命分子・悪質分子・右派分子）という敵を作り、劉少奇を獄死させたのを始め、中央と地方の政敵たちを一掃してしまった。

廣瀬　確かに毛沢東のやり方はスターリンに似ていますね。スターリンはいわゆる敵性民族を恣意的につくり、強制移住させたりもしました。「ソ連にいたボルガ・ドイツ人とドイツは結託している」「メスヘティア・トルコ人やタタール人などテュルク系民族とトルコ人は結託している」「バルト三国は裏切り者」などと言っては、どんどんシベリアや中央アジアに送り込んでいった。

その送り方もひどく、「お前ら、強制移動だ！」と宣告したら、三時間後ぐらいには列車に乗せてしまう。まさに取る物も取りあえずといった感じです。しかも列車は旅客車ではなく貨物車で、座席もない。立ったままギュウギュウ詰めで、何日もかけて移動させられるのです。当然トイレもなく、その悲惨さは想像に難くありません。

近藤　ロシア西部からシベリアまでなら、列車に乗って一週間はかかりますね。

廣瀬　そのため、シベリアに着くまでに三分の一ぐらいが亡くなっていた。ようやく着いて列車から降ろされるとそこは荒れ地で、真冬ならマイナス六〇度ぐらいまで下がるところもありました。そこで「開墾しろ！」と言われ、滅茶苦茶に労働させられる。当然、多くの方が亡くなりました。

近藤　中国も文化大革命の時代に、都市部の市民を農村送りにする「下放《かほう》」というのがあったけれども、殺しはしなかった。何せ貴重な労働力ですから。

廣瀬　ソ連では、政治に反抗的な思想を持つ人や敵性民族とされる人などを「第五列」とレッテル貼りした。そして精神病院に送ったり、僻地に追いやったりしました。

近藤　そうですか。先ほど申し上げた毛沢東の「黒五類」も、スターリンの「第五列」のマネゴトだったのかもしれませんね。

廣瀬　ようやくフルシチョフの時代になって、スターリン批判と共に、若干は名誉回復されました。

近藤　フルシチョフは、個人崇拝の禁止もやりましたね。

廣瀬　やりました。だからフルシチョフ以外のソ連のトップは、共産党の「書記長」を名乗りましたが、フルシチョフだけは「第一書記」です。

じつは「書記長」という肩書は、ソ連共産党にしかないのです。一章で述べたように共和国の中でロシア以外は共産党がありましたが、いずれも第一書記と第二書記しかありませんでした。このうち第一書記は名誉職で、名前だけでほとんど実権がない。多くは現地の人、カザフ共和国ならカザフ人にやらせます。演説を行ったり、公の場で目立つのは第一書記なので、民族の誇りは守られるんですよね。一方、第二書記はモスクワから派遣される人が務めます。この第二書記はクレムリンからの指示を忠実に守りますし、人事権含め、主要な権限を全て握っていました。

このような序列を示すリストを「ノーメンクラトゥーラ」と言います。転じて、特権階級を意味することもあります。ともあれ、ソ連共産党にだけ書記長というポジションがあった。唯一の書記長としてスターリンが強権をふるったので、フルシチョフは特権階級のようなイメージを打開しようと、自分を第一書記にしたのだと思います。「自分はスターリンみたいにはならない」というわけです。

近藤　それは興味深い話ですね。それで、フルシチョフの後はどうなったんですか？

廣瀬　次のブレジネフから、また元の書記長に戻りました（笑）。ブレジネフは異常に多くの勲章を付けることでも有名でしたし、自尊心をとても大事にしていたようですね。書記長という称号に満足したのでしょう。

鄧小平の改革開放が成功した理由

近藤　「第一書記」を貫いたフルシチョフは、後のゴルバチョフにつながるような親欧米派というイメージがありますが。

廣瀬　じつは、そうでない部分も多いです。「デタント（緊張緩和）」と言いながら、キューバ危機も招いています。人類初の人工衛星「スプートニク一号」の打ち上げ成功、いわゆる「スプートニク・ショック」もフルシチョフの時代です。ちなみに、スプートニクで宇宙に行った「宇宙犬」のうちの一匹のストレルカの子犬のうちの一匹である「プシンカ」をジョン・F・ケネディ夫妻に贈るということもやっています（笑）。訪米時に、話すことがなくなって、ジャクリーン・ケネディ夫人がストレルカの子犬について訪ねたことがきっかけだったようです。

近藤　フルシチョフ第一書記は結局、失脚したんですよね。

廣瀬　一九六四年一〇月、休暇中に「宮廷クーデター」に遭い、失脚しました。死亡や辞任ではなく、失脚でトップから降りたのは、彼とゴルバチョフだけです。あとはみな現役のトップのまま亡くなっています。

近藤　知人のロシア人から聞いた話ですが、ロシアの最高権力者は、ハゲた人と髪の毛フサフサの人が、交互にくるそうですね（笑）。

廣瀬　はい、「ツルフサの法則」ということで、その話は私も授業でしています（笑）。今のプーチン大統領はハゲに分類されていますが、前の大統領は髪がフサフサのドミートリー・メドベージェフ氏でした。

近藤　なるほど。ではプーチンの後は、フサフサ大統領ですね。
ところで、一九七八年に改革開放路線に舵を切った鄧小平にあたるソ連の指導者は、やはり一九八五年に彗星のごとく登場したゴルバチョフ書記長ということになるんでしょうね。

廣瀬　方向としてはそうでしょうが、ゴルバチョフのペレストロイカ（改革）は、保守派と改革派の対立で、特筆すべき成果は上げられなかった。結局、双方の言い分を足して二で割った、玉虫色みたいな改革案で終わってしまいました。

近藤　おそらくゴルバチョフは、絶対的な権力を持たずに五四歳の若さでトップに立ったからでしょうね。鄧小平は三度失脚して、失脚中は農村で五年も牛飼いをやらされたりして辛酸を舐めました。一九七六年に毛沢東が死去してもさらに挫折を味わい、一九七八年に七五歳にして、ようやく全権を掌握するのです。

同年暮れに開いた「三中全会」（中国共産党第一一期中央委員会第三回全体会議）で「改革開放路線」を決議した際には、すでに絶対的権力を握っていたので、誰も反対できなかった。

廣瀬　毛沢東が鄧小平を後継者にしたわけではないんですよね。

近藤　毛沢東は文化大革命で鄧小平を失脚させたけれども、劉少奇と違って殺しはしなかった。そもそも国民党軍に勝って天下統一を成し遂げたのだって、鄧小平の軍功が大きかった。その上、鄧小平は過去に一度たりとも、公の場で毛沢東を批判したことはありませんでした。

最晩年の毛沢東が後継者に指名したのは、湖南省の同郷の華国鋒《かこくほう》というお人好しの人物です。しかしホンネを言えば、毛沢東は後継者などどうでもよかったと思います。徹底した無神論者で、「自分が生きることが大事であって、自分の死後のことなどどうでもよい」と若い頃から公言していました。

廣瀬　そんな毛沢東の死後は、華国鋒の権力を鄧小平が奪っていく過程ですね。

近藤　そうです。私は経済大国となったいまの中国の「建国の父」は、毛沢東ではなくて鄧小平だと思っています。鄧小平がいなければ、中国は「大きな北朝鮮」と化していたかもしれない。

鄧小平の老獪さは、ゴルバチョフとの歴史的会談でも際立っています。この中ソの両雄は、一九八九年五月一六日に北京で会いましたが、この時、鄧小平は八五歳でゴルバチョフは五八歳。鄧小平は「若造に教えてやろう」みたいな感じで、自分が経験してきた歴史的な話から説きだしています。二時間半にわたって、メモも見ないで話しました。

私は、同じ社会主義でも、崩壊したソ連としなかった中国は、ゴルバチョフと鄧小平という指導者のキャラクターの違いもあったような気がします。

アフガン侵攻の痛手がソ連に中国との和解を選ばせた

廣瀬　話は前後しますが、鄧小平が改革開放を始めた頃、ソ連はフルシチョフの次のブレジネフ書記長の時代でした。当時のソ連は、すでに低迷していました。しかもブレジネフに統治能力がなく、晩年はかなりボケてしまっていたと言われています。

近藤　ブレジネフは亡くなる一九八二年の春に、ウラジオストクで最後の演説を行っています。ここで挙げたテーマが「中国との和解」です。

当時の中国は、ソ連との和解のための条件を三つ出していました。一つは、外モンゴルからの撤退です。国境沿いで約一〇〇万人の双方の兵士が睨《にら》み合っていましたから。二つ目が、アフガニスタンからの撤退です。ソ連は一九七九年末にアフガニスタンに侵攻しますが、中国とアフガニスタンは国境を接する友好国だからです。
そして三つ目が、カンボジアからのベトナム軍の撤退です。ソ連の意向で、これまた中国の友好国カンボジアに、ベトナム軍が出兵していたからです。
この三条件をソ連は長く無視してきましたが、ブレジネフは最後の演説で、三条件すべてについて対話する用意があると述べたのです。鄧小平はこれをソ連からのメッセージと受け取め、外交部を動かします。

廣瀬　中ロの和解はゴルバチョフがやったように言われますが、始めたのはブレジネフでしたね。ブレジネフは制限主権論、いわゆるブレジネフ・ドクトリンを出した張本人で、チェコスロバキアに軍を送ってプラハの春を終わらせるなど、強面なイメージが強いです。外交面でマイナスのイメージが強かったのですが、中国との和解は重視していましたね。中国との国境沿いに相当数の国境警備兵を常時置くのは、きついですから。

近藤　アフガン侵攻も無理筋でしたね。

廣瀬　よく今のウクライナ侵攻と比較されますね。
ソ連のアフガン侵攻は、一九七九年一月に米中が国交回復したことにも大きな影響を受けています。この年の一二月に、いきなり侵攻していますから。米中に包囲されたと感じたソ連は、やはり影響圏を広げたかったのです。

冷戦時代は、世界各地で米ソの代理戦争が起こりました。アフガニスタンでも一九七八年に共産主義政党であるアフガニスタン人民民主党による政権が誕生し、ソ連はこれを何とか維持したい気持ちがあったのです。

アフガニスタンで内戦が始まったのは、一九七九年です。当初はソ連もアフガニスタン人民民主党を支援するだけでしたが、抵抗運動が大きくなり、ほぼ全土が抵抗勢力の支配下に落ちると、軍事介入の要請を受け、やがて軍事介入を始めます。すると「共産主義に染められてたまるか！」とアメリカもムジャヒディンなどの抵抗勢力への支援を始め、米ソ代理戦争みたいになってしまった。

近藤　アメリカは一九七五年に撤退したベトナム戦争で、直接介入するリスクを思い知って、以後は慎重になりました。しかしソ連はそのことを他山の石とはしませんでしたね。

廣瀬　第二次世界大戦でソ連は多くの兵士を失いましたが、アフガニスタン戦争でも大量の兵士を失っています。旧ソ連圏を実際に歩いてみると、あちこちに慰霊碑があることに気づきます。最初は第二次世界大戦のものかと思いましたが、よく見るとアフガン戦争のものであることが多いのです。

中央アジアの国など、ソ連時代の「地方」に行けば行くほどアフガン戦争の慰霊碑が多く、損耗率の高さも今のウクライナ戦争と似ています。旧ソ連の中でもスラブ系ではない国の人たち、つまり白人ではない人を多く戦争に行かせていた。そのダメージは非常に大きく、あれがソ連解体の序曲とも言われています。

近藤 中国も、一九七九年二月にベトナム侵攻をしています。一カ月で事実上負けて撤退した中越紛争です。鄧小平がマズいと思い、すぐに引き揚げたのです。

廣瀬 賢いですね。戦争は、やはり引き際が大事です。

近藤 第二次世界大戦後の世界を振り返ると、アメリカとソ連の冷戦だけでなく、ソ連と中国の冷戦でもありました。言うなれば「表の冷戦」と「裏の冷戦」。現在のウクライナ戦争を理解する上でも、「表に出てこない中ロ関係」は、常に注視し続けるべきです。

天安門事件で改革開放をさらに進めた鄧小平

近藤 結局、ソ連は一九九一年に崩壊しますが、中国も一九八九年六月の天安門事件で崩壊の危機に見舞われました。前述の同年五月のゴルバチョフ大統領と鄧小平中央軍事委主席との会談も、学生たちが占拠した天安門広場に面した人民大会堂で行われました。ゴルバチョフは天安門広場が見えないよう裏口から通されましたが、「ただならぬ気配」を感じ取ったはずです。

鄧小平は六月四日に戦車部隊を天安門広場に突入させ、民主化運動を強権的に鎮圧します。しかしこのままでは毛沢東時代に戻ってしまうと思い、一九九二年一月からの南巡講和で、「改革開放を加速せよ!」と号令をかけた。

そして同年一〇月の第一四回共産党大会で「社会主義市場経済」を定め、翌年三月に憲法にも盛り込みます。これは「政治は共産党一党支配の社会主義を貫くけれども、経済は市場経済に変えて、金持ちになる自由を与える」ということです。「先富論」とも言いますが、ここから中国の経済発展が花開いたのです。

廣瀬　政治を引き締めながら経済だけ徐々にオープンにしていったのが中国で、ソ連はゴルバチョフが両方一気にやろうとして失敗した。ゴルバチョフも最初は経済だけ開放しようと思っていたようですが、保守派の抵抗でうまくいかなかった。その間にチェルノブイリ原発事故が起こり、期せずしてグラスノスチが進んでしまった。気づいたら政治も経済も、収拾不能になっていたのです。

そう考えると、経済だけを開放できた中国とベトナムはすごいです。

近藤　ベトナムは、中国を完全に見習いました。「ドイモイ（刷新）」で改革開放を導入するのは一九八六年です。

ただ中国は「すごい」というより「すごかった」。というのも、一九九七年に鄧小平が死去した後、「二一世紀の鄧小平」は出現していませんから。二〇二二年も、中国経済にとっては散々な年でした。

三章

ソ連崩壊後の中国、ロシア、アメリカの関係を読み解く

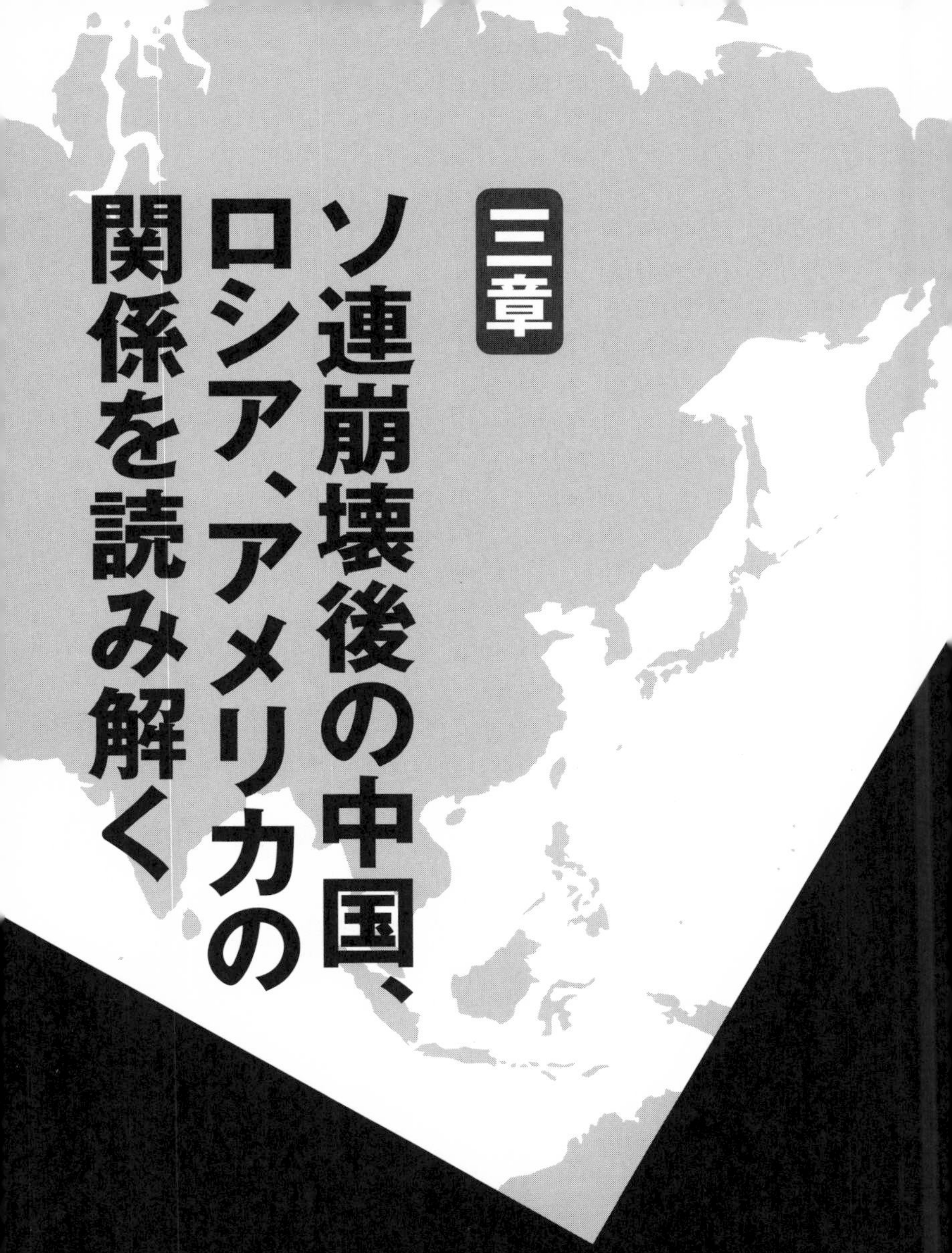

九・一一テロで変わったアメリカと中国の関係

廣瀬　冷戦構造の中で、ソ連はいわば自滅の道を歩みます。その後の世界はアメリカ一強の時代と言われるようになり、そうした中で中国とロシアの関係にも変化が生まれます。三章では冷戦後の中国とロシアの動き、さらにはアメリカや西側諸国との関係を議論したいと思います。

一九九〇年代のアメリカは、冷戦に勝ったとはいえ、内情は極めて危ういものがありました。七〇年代に行ったベトナム戦争への軍事介入で国際的名声を失い、また軍拡競争が続く中、八〇年代には貿易赤字と経常赤字という「双子の赤字」を抱えるようになります。アメリカの完全勝利というより、お互い消耗戦になってきたところ、ソ連が先に息絶えたという構図だと思います。民主主義や自由主義の絶対的勝利ではなく、社会主義の自滅による、相対的勝利です。

近藤　「消耗戦」という言葉は、言い得て妙ですね。日本は平成の世になった一九八九年を頂点にバブルが弾けて、消耗していく「失われた二〇年」に一直線。政治的にも一九九三年に、自民党長期政権が崩壊した。中国も一九八九年の天安門事件で消耗し、他のアジア各地も民主化が進んだのはよかったけれども、デモが多発したりして、やはり「消耗の時代」です。

廣瀬　それまで民主主義と自由主義は、社会主義と比較することで正統性を維持していました。それが冷戦の勝利によって、「西側のアラ」が見えてきた。

純粋に民主主義や自由主義だけを見ると、効率的に機能する政治的な礎も、経済的なバックボーンも欠けています。絶対的に「民主主義や自由主義は素晴らしい」と言えるものを出せず、比較優位で勝ったにすぎない。

だからソ連解体後のアメリカは、正統性をつくるために様々な手段を使いました。冷戦後は、イスラム圏やロシア圏など文明同士の戦いになるという「文明の衝突」論も、その一つです。

近藤　『文明の衝突』（邦訳は集英社、一九九八年）はハーバード大学のサミュエル・ハンチントン名誉教授の労作で、私も読んで二点、衝撃を受けました。一つは、ようやく冷戦が終結して、明るい二一世紀を迎えるのかと思いきや、「二一世紀はキリスト教文明とイスラム教文明の対決の時代になる」と予言している。もう一つは、世界を八つの文明圏に分類していますが、日本だけ「日本文明」として孤立している（笑）。

廣瀬　そうですね。ともあれアメリカでは、そこから「イスラムは異端」といった話も出だし、これが二〇〇一年九月一一日のアメリカ同時多発テロとも共鳴します。以後、ジョージ・W・ブッシュJr政権は「テロとの戦い」「イスラムとの戦い」を主張し出し、「テロ対民主主義」という構図をつくったのです。

近藤　二〇年以上経たいまから振り返ると、ブッシュ政権の「中東全域を民主化させる」なんて発想は、おこがましいというか、誇大妄想的ですね。

廣瀬　アメリカは自由主義や民主主義の敵を、これまでの社会主義からテロリストにすり替えた。たとえおこがましくても、これがある意味、アメリカを復活させたように思います。ソ連解体後、敵を失い、何となくモヤモヤしていたアメリカが、世界的に正統性を主張できる敵を見つけ、それを攻撃することで急に元気になるのです。

近藤　じつは中国も、アメリカが「テロとの戦い」を言い出したことで、密かに胸をなでおろしました。ソ連崩壊後のアメリカが、次に標的にするのは中国ではないかと恐れていたのです。ところが「九・一一事件」により、当時のブッシュ政権の敵がイスラムになった。イスラムと戦うには中国を味方につける必要があり、急に優しくなるのです。

その典型例が、二〇〇一年末の中国のWTO（世界貿易機関）加盟です。中国は一九八六年から、WTOの前身であるGATT（関税と貿易に関する一般協定）に加盟を申請していましたが、アメリカが難色を示して認められなかった。それが一五年後に突然、加盟を認められたのです。

これにより中国は、天安門事件の呪縛《じゅばく》から解放されます。それまで持ち続けていた「アメリカに攻撃されるのではないか」という危機感がなくなるのです。

廣瀬　アメリカは、天安門事件の後も、一九九一年にイラク打倒の湾岸戦争を起こし、中東に集中しましたね。

近藤　仰る通りで、その時も前述のように「社会主義市場経済」に邁進できました。その後の二一世紀の最初の一〇年近くも、アメリカが中東に集中してくれたおかげで、経済発展を果たし、北京オリンピックや上海万博を開きます。その陰で軍拡も推し進めました。

「プーチン大統領がロシアを豊かにした」と錯覚したロシア人

廣瀬　同じことはロシアにも言えます。ロシアでは二〇〇〇年にプーチン政権が誕生し、その翌年に九・一一事件が起きます。プーチン政権は国内をうまく治めるためにチェチェン人を厳しく締めつけていたので、それを人権侵害だと批判する西側諸国との関係は良くありませんでした。ところが九・一一事件によってアメリカは、アフガン政策においてロシアと協力する必要が生じたのです。

ロシアがアフガン攻撃に協力することで、アメリカとロシアの関係は飛躍的によくなります。二〇二二年の今、ロシアとＮＡＴＯの関係は最悪ですが、二〇〇二年にはＮＡＴＯロシア理事会が開催され、この頃のロシアはＮＡＴＯの準加盟国のような存在になりました。

近藤　Ｇ７（主要七カ国首脳会議）も、その頃はロシアを仲間に加えて、Ｇ８にしていましたね。まさに今とは隔世の感がある。

廣瀬　中国とロシアに共通して言えるのが、九・一一事件が彼らの人権侵害に免罪符を与えたことです。

それまで欧米は、中国のウイグルやチベットへの弾圧、ロシアのチェチェンへの弾圧を強く非難していました。ところが九・一一事件以降、中国もロシアもそれら民族との「テロとの戦い」というロジックを持ちだし、弾圧を正当化した。これで欧米は文句を言わなくなるのです。

近藤　確かに、中国とロシアは、中央アジア四カ国を巻き込んで、二〇〇一年に上海協力機構（ＳＣＯ）を正式に発足させました。発足の主な目的は、「テロとの戦い」です。

また、同年秋にアメリカがアフガニスタン戦争を起こした時、中国はアフガニスタンとの七六キロメートルある国境を、突然開放した。それによって新疆ウイグル自治区の猛者《もさ》たちが大挙して、「イスラムの土地をアメリカから救う」と言ってアフガニスタンへ入っていった。中国は、彼らがすべて出て行ったところで、国境を封鎖したのです。

廣瀬　中国もやりますね。もう一つ、プーチン政権にとって幸運だったのが、九・一一事件後、中東地域が不安定化して石油価格が急騰したことです。これにより産油国であるロシアは、収入が一気に増えるのです。

エリツィン時代は経済がボロボロで、「マルボロ資本主義」と言われるほど大変なハイパーインフレが起きていました。紙幣が機能しなくなり、マルボロのタバコ一本でタクシーに乗ったという話もよく聞きました。それほど紙幣の価値がなくなっていたのです。それがプーチン政権になったとたんに、経済的にものすごく豊かになった。

近藤　生活の変化というのは国民が実感するので、政権の支持率が上がりますね。

廣瀬　実際は九・一一事件で石油価格が高騰し、産油国のロシアが大儲けしたというだけの話ですが、国民は「プーチン大統領がロシアを豊かにした」と錯覚した。チェチェンに厳しく立ち向かい、欧米との関係も改善した。国もこんなに豊かになった。偉大な大統領だと。

近藤　エリツィン時代からプーチン時代の初期にかけて、中国は江沢民政権でした。江沢民はソ連に留学したことがあり、ロシアへの思い入れが強い人物です。江沢民政権で副首相兼外相を務めた銭其琛も、前述のように一貫して対ロシア外交を担当してきたロシア通です。この二人の時代だったので、中国も新生ロシアの復興に協力しました。

さらに中国企業もハイパーインフレのロシアに進出し、市場を取っていきます。通信機器メーカーのファーウェイは、その代表格です。中国国内では無名の民営企業なので相手にされませんでしたが、混乱期のロシアに電話交換機を持ち込んだら、バカ売れした。そこから今のような世界的企業へと発展していったのです。

米ロ蜜月時代を変えたロシアのジョージア侵攻

廣瀬　それが二〇〇八年頃から、雲行きが怪しくなっていきました。きっかけは、同年八月のロシアとグルジア、今のジョージアとの衝突です。

近藤　あの一件は、鮮明に覚えています。中国人は八の字が好きなので、北京オリンピックの開会式は「二〇〇八年八月八日午後八時八分」に開始した。ところが北京時間で、その日の午前中にロシアがジョージアに侵攻したのです。

当時、世界のリーダーたちは北京に集結していました。ブッシュ大統領、プーチン首相、ニコラ・サルコジ大統領、福田康夫首相、李明博大統領……。それがもはや開会式どころではなくなって、激しい外交戦が展開されました。ホスト役の胡錦濤主席からすれば、「ロシアはよりによってこの晴れの日に」と怒り心頭です。私も北京でオリンピック取材のつもりが、スイッチを切り替えました（笑）。

廣瀬　あれは最初にジョージアが侵攻したんです。戦争が勃発したのは八月八日ですが、衝突は七月末にはすでに始まっていました。もとはジョージア国内にある未承認国家、南オセチアとジョージアとの戦いです。ジョージアからすると内戦になるわけですが、だんだんヒートアップして八月七日にジョージアは南オセチアに最後通牒《つうちょう》を出すのです。

ところが最後通牒で通告した時間を待たず、ジョージアが本格的な侵攻を始めた。ジョージア国内には南オセチアのほかにアブハジアという未承認国家もあり、ロシアはいずれにも自国のパスポートを配っていました。今はおそらく一〇〇パーセントに近いと思いますが、当時も九〇パーセントぐらいの人がロシアのパスポートを持っていた。それで「自国民保護」の名のもと、参戦してきたのです。

ロシアは、とにかく狙ったところに自国のパスポートを配り歩くのです。今のウクライナでも同じで、クリミアは言うまでもありませんが、ドンバスでも、二〇一九年にゼレンスキー政権が発足した直後に、パスポート配布の手続きを簡素化し、できる限り多くの住民に配布しようと試みてきました。

近藤　そこは中国と真逆ですね。中国は一四億人以上もの人口を抱えているため、外国人にパスポートを与えるなど、ほとんどあり得ない。

廣瀬　ロシアは、「ロシアのパスポートを持っている住民がいる場所は、ロシアが守らねばならない」という理屈です。それでジョージアとロシアの戦争になった。両国とも、やる気満々といった感じでした。あとで聞いた話では、ジョージアはアメリカとイスラエルには事前に話していたそうです。

イスラエルに対しては「ロシアと戦争するから、戦車を三〇〇台買わせろ」と頼んだのですが、断られたらしいです。イスラエルはロシアとの関係も大事にしていましたし、戦争に巻き込まれるのも嫌だったのでしょう。一方アメリカはブッシュＪｒの時代で、おそらく「支援してやろう」ぐらいのことは言ったように思うのですよね。

近藤　「ネオコン政権」と言われたブッシュＪｒ政権は、世界の紛争への介入に積極的でしたからね。

廣瀬　もともと米軍は、開戦のずっと前の二〇〇一年頃から、テロ対策能力の向上のためジョージア軍の訓練を行っていました。一方でジョージアはＮＡＴＯに入りたいので、トルコ軍に組み込んでもらう形であちこちのＮＡＴＯの活動にジョージア兵を送り、アフガニスタンにも相当送っていました。

ところが二〇〇八年の南オセチア紛争直前に、米軍がアフガニスタンにいたジョージア兵を米軍機でジョージアに連れ戻しています。明らかに「ロシアと戦う」準備のためだと考えられますし、そうだとすれば「支援してやる」ぐらいのことを言ってもおかしくありません。

オバマ大統領の「リセット」発言がジョージア侵攻を招いた可能性

廣瀬　ロシアも、かなり以前から準備していたと思います。二〇〇八年にはいろいろな出来事があり、二月にはコソボがセルビアから一方的に独立を宣言し、中国やロシアは反対しましたが、欧米の多くの国々が承認した。これに中ロが激怒したのです。

冷戦後の世界では、冷戦終結に際して解体された旧連邦の国境について「ウティ・ポシデティス原則」が適用されました。連邦構成共和国の連邦時代の国境線を独立後も尊重するというものです。コソボの場合、もともとセルビアの一部だったので、セルビアが同意していないのに独立し、ましてや諸外国がそれを承認するのは同原則に反します。

近藤　中国には五六の民族があり、ロシアには把握されないほど多くある。他国の話とはいえ、一民族の独立問題には敏感になりますよね。

廣瀬　そうなんです。さらに同年四月には、ジョージアとウクライナのＮＡＴＯ加盟問題が現実的に浮上してきました。米国のブッシュ大統領が両国の加盟を強く推し、ＮＡＴＯ加盟の登竜門とも言われる「加盟行動計画」の適用を提案するのです。

ロシアは猛反発し、この時はドイツとフランスが同年一二月まで結論を先のばしすることを提案して、留保となります。

近藤　ウクライナのＮＡＴＯ加盟問題は、根が深いんですね。

廣瀬　当時のウクライナは戦争をしていないので、今よりずっと加盟しやすい状況でした。ジョージアも未承認国家を国内に抱えつつも、いちおう秩序は保たれていたので、加盟の展望は持てた状況でした。ところが八月にジョージア侵攻が起こってしまう。

戦いが始まれば、もうＮＡＴＯ加盟どころではなくなります。加盟国には共同防衛の義務があるので、戦争をするような国は危険で入れられない。相手がロシアなら、なおさらです。

ロシアはそうした思惑から、ジョージアに攻め込んだのではないでしょうか。すでに四月の段階で八月侵攻を決めていたと言われています。当時のジョージアのミヘイル・サアカシヴィリ大統領の性格から、煽《あお》れば攻め込んでくると見ていたのでしょう。確かにジョージアを煽ったのは、明らかに南オセチア側でした。

近藤　ロシアの高等戦術ですね。しかし翌月にリーマンショックが起こったため、米欧はロシア制裁どころではなくなった。

廣瀬　そんな中でロシアは火事場泥棒みたいな形で、南オセチアとアブハジアを国家として承認するのです。これにより米ロ間に緊張が走りますが、翌二〇〇九年一月に就任したバラク・オバマ大統領は、米ロ関係の「リセット」を宣言します。

これでロシアは、アメリカがジョージア侵攻をあまり問題視していないと思った。もしくは、ロシアは国際的に重要な国で何をやっても許されると思ったかもしれません。これは間違いなく誤ったメッセージとなったと思います。

近藤　あの頃のオバマ大統領は「イランとも話し合う」と言っていました。北朝鮮でさえ、対話を期待してしまった。

廣瀬　歴史に「ｉｆ」は禁物ですが、オバマ大統領がもう少し毅然とした態度を取っていれば、二〇一四年のクリミア併合はなかったかもしれない。クリミア併合も、オバマ時代です。米国が完全に舐められていました。

近藤　オバマ政権を舐めたということで言えば、後の習近平政権も同様です。南シナ海に公然と、人工島を七つも造ってしまった。

G7に対抗するためにつくられたBRICs

近藤　ジョージア侵攻というミソがついたものの、中国が二〇〇八年に北京オリンピックを成功させたことは確かです。北京オリンピックの中国外交部の責任者が、感慨深げに私に言いました。「世界最多の四八個の金メダルを獲ったことよりも、国際社会で欧米と伍《ご》していけるという自信を持ったことが、最大の収穫だった」。それまでは、一八四〇年のアヘン戦争以来の欧米コンプレックスに苛《さいな》まれていたのです。

廣瀬　日本も聞くところによると、一九六四年の東京オリンピックの時は似た状況だったので、理解できます。

近藤　中国は北京オリンピックで、学生を中心にボランティアを一〇万人募集しました。研修の模様を見ましたが、炎天下の広場に大勢の美女が立ち並び、口に箸を横にくわえている。「スマイル練習」なんだそうです。それまでサービスという概念が乏しかったので、箸をくわえないと笑顔を作れなかったのです。

廣瀬　ロシア人もそうですよ。全然笑いませんでした。最近、若い女性店員などは笑うようになりましたが、マクドナルドの「スマイル〇円」という文化はなかったですね（笑）。

近藤　私は北京に四年住みましたが、スマイルを一番見るのはカラオケスナックでした。隣りに座った女性が、チップをもらうために絶妙なスマイルを見せるのです。

スマイルと言えば、中国が世界に向けて「作り笑い」を浮かべたのが、リーマンショックを受けて二〇〇八年一一月にワシントンで初会合が開かれたG20（主要国・地域）サミットでした。日米欧の先進国グループが総崩れになる中、中国は四兆元（当時のレートで約五八兆円）の緊急財政支出を発表して、世界経済の救世主になります。

廣瀬　そうした中、G20で先進国グループに対抗していく意味で、ロシアが中国、インド、ブラジルに声をかけて二〇〇九年に実態を持たせるようになったのが、BRICsという枠組みです。BRICsは、もともとアメリカの投資銀行ゴールドマン・サックスの投資家向けレポートが、最初に提唱した概念です。二〇〇〇年代以降に著しい経済発展を遂げたブラジル、ロシア、インド、中国の英語の頭文字の総称で、最初の首脳会議は、六月にロシアの呼びかけで、同国のエカテリンブルクで開かれました。

近藤　翌二〇一〇年にアフリカ代表として南アフリカが加わり、BRICsがBRICS（新興五ヵ国）に変わった。BRICSは後に、地球温暖化の枠組み交渉（COP）などで存在感を発揮します。

廣瀬　南アフリカを誘ったのは、中国です。

近藤　中国のアフリカ重視は半端でないですからね。一〇〇万人以上の中国人がアフリカで暮らし、欧米諸国も「チャイナフリカ」と呼んで恐れています（笑）。

廣瀬　当初は中国とロシアで勢力争いめいたものがありましたが、南アフリカを誘い込んだことで中国が勝った気がします。

近藤　二〇二二年には中国のＧＤＰがロシアの一〇倍を超えたので、圧倒的ですね。

ロシアのＷＴＯ加盟に反対を続けたジョージア

廣瀬　中国のＷＴＯ加盟や北京オリンピック開催は二〇〇〇年代のことですが、ロシアのＧ８入りは一九九七年で、国際社会入りしたのはロシアのほうが先です。ただし、ロシアは二〇一四年のクリミア併合によりＧ８から除外されますけれどね。ところがロシアのＷＴＯ加盟は二〇一二年と中国よりもかなり遅い。

経済面では加盟の条件を満たしていましたが、加盟に時間を要した理由の一つがジョージアの反対でした。ＷＴＯはＮＡＴＯと同じで、全加盟国が承認しないと入れません。要件ではないですが、慣習としてそうなっています。

近藤　ロシアのウクライナ侵攻後にも、スウェーデンとフィンランドがＮＡＴＯ加盟を希望しましたが、当初はトルコが難色を示しましたね。三〇カ国も加盟していると複雑です。

廣瀬　そんなロシアはジョージア侵攻後、当時は、まだＷＴＯ加盟を目指していた頃ですが、自分から「ＷＴＯに加盟しない」と言いだします。これを私は「プライドの高い男の子が、好きな女の子にふられそうになって『俺からふってやる』と言ったようなもの」と学生に説明しています。本当は入りたかったのに、ＷＴＯから「入れない」と言われるのが嫌だから、自分から言いだしたのだと思います。

一方「リセット」発言をしたオバマ大統領には、ＷＴＯにロシアを入れたい気持ちがありました。それでジョージアを脅したりすかしたりして二〇一二年の加盟にこぎつけるのですが、これにジョージア国内はすごく反発しました。

「ロシアに対抗する最後のカードだったのに、なぜ捨てるんだ！」と、サアカシヴィリ大統領（当時）への怒りが集中したようです。ただジョージア政府も認めたのは本意ではなかったようで、当時の政府高官に話を聞くと、米国に「脅迫された」と言っていました。「有無を言わさなかった」「アメリカを恨んでいる」とも言っていましたね。

近藤　まさに「大国の論理」ですね。ところでソ連の最高指導者スターリンは、ジョージア出身ですよね。ジョージア人はスターリンについて、どのような感情を抱いているのですか？

廣瀬　スターリンに対する気持ちは複雑です。そもそもスターリン自身、ジョージア人であることを恥じるところがあり、スターリンという名前も本名ではありません。本名はヨシフ・ジュガシヴィリで、スターリンは「鋼鉄の男」という意味です。ジョージア人を彷彿させないニックネームを使っているのです。

彼の出身地ゴリに行ったことがありますが、すごく小さな家です。遠くから見ると大きな御殿のようですが、近づくと御殿に見えたのは囲いで、家自体はすごく小さい。馬小屋より小さいぐらいです。

近藤　モスクワ大学のオレーク・ヴニューク教授が書いた新たな評伝『スターリン』（邦訳は白水社、二〇二一年）を読みましたが、父親は靴修理職人で、母親は農奴の娘ですよね。

廣瀬　そうです。故郷に思い入れがなく、ロシア革命の時も身を隠すなど、かなり苦労したので出自はなるべく出したくなかった。だからジョージア人への弾圧も行いましたし、ジョージア人のスターリンに対する気持ちも決して好意的とは言えません。

近藤　昔の同級生がスターリンに援助を乞《こ》う手紙を送ったら、喜ばれるどころか、あらぬ過去を知っているため逆に捕まったという話が本に書いてありました。

廣瀬　ジョージアにとって国家の英雄ですが、ひどいことをした人でもあるので、スターリンへの感情は微妙です。

近藤　毛沢東の出自もスターリンに似ています。湖南省の農家の出身で、本が好きだったので北京へ出て北京大学図書館の使用人になりますが、野暮ったい格好で標準中国語も話せないため、教授たちから嘲笑される。後に文化大革命で北京じゅうの大学教授を農村送りにした原点は、青年時のコンプレックスにありました。

廣瀬　スターリンは身長が低く、それもコンプレックスだったみたいです。

近藤　プーチン大統領も小柄ですね。

廣瀬　すごく小さい。一度本人を近くで見たことがあります。カザフスタンに出張で行った時、たまたま滞在したホテルが一緒だったのです。何人ものボディガードが取り囲んでいましたが、プーチン大統領のボディガードの選定基準はすごく厳しく、身長も体格もかなりのものが求められるそうです。たぶん身長は全員二メートルぐらいありました。

一方プーチン大統領は一六〇センチ台だと思います。マッチョとはいえ細身ですから、大柄なボディガードに囲まれると、まったく見えませんでした。

近藤　習近平主席は一八〇センチあります。体重は推定一一〇キロですから、関取みたいです。プーチン大統領と握手する時、ＣＣＴＶ（中国中央広播電視総台）の映像で見ると、大人と子どもみたいです。エリツィン大統領は直接見ましたが、大柄でしたね。

廣瀬　一八七センチありました。やはり大きいと迫力がありますよね。

本気で北方領土を返すつもりだったエリツィン大統領

廣瀬　重ねて言いますが、G7はエリツィン時代の一九九八年からプーチン時代の二〇一三年まで、ロシアを仲間に入れてG8だったんです。

近藤　ロシアは先進国とは言えないかもしれないけれど、一応、選挙をやっていましたからね。エリツィン時代は、日本との交流も活発でした。

廣瀬　エリツィン大統領は北方領土を返すつもりだったのです。でも保守派が反対した。訪日予定が直前に潰されたこともあります。行かせてエリツィン大統領が島を返してしまうことを危惧したのです。

実際、私は二〇一八年に、ビザなし交流枠で、北方領土の国後島と色丹島に行きましたが、現地の人から「エリツィン大統領は本気で日本に返そうとしていた」という話を聞きました。きっかけは、一九九四年に北海道東方沖で起きた地震です。

震源地はほぼ北方領土で、現地は壊滅状態になりましたが、当時のロシアは経済状態がひどく復興どころではない。そこで日本に返せば、日本が勝手に復興してくれるだろうと思ったそうです。しかもロシアへの経済援助も期待できるし、得だと。

近藤　返還がかなえば、たっぷり援助しますとも（笑）。

廣瀬　日本に返還する場合、現地の島民が邪魔になるので、カリーニングラードやヴォルゴグラードなどに、島民全員分の彼らが移住するための住宅までつくりました。実際そこに全住民を移住させ、一時期は北方領土に誰も住んでいなかったそうです。

近藤　「今なら返還が実現する」という時期があったのに、保守派の反対で叶わなかったということですね。

廣瀬　そうです。そうこうする間に、移住した島民たちが戻ってくるようになった。北方領土は荒天になることが多く、島なので生鮮食品も少ない。けっして住みよい土地ではありませんが、ロシア国内ではかなり暖かい場所でもあるのです。

現地の人々に聞きましたが、本土にもらった家は別荘として使っているそうで、季節に合わせてそちらにも行っているようです。私が行ったのは八月でしたが、ある人は娘と母親が今、ヴォルゴグラードの家に滞在していると言っていました。

近藤　北方領土が戻らなかったのは、日本側にも問題があったと思いますよ。

廣瀬　そうなんです。日本はその頃、政治の混乱期でした。五五年体制が崩壊して、首相も短期で代わり、外交どころではなかった。経済的にもバブルが崩壊して、就職難なども発生した大変な時期でした。北方領土問題にまで手が回らず、巡り合わせが悪かった。

近藤　その後、二〇一〇年代に入って、安倍晋三首相がプーチン大統領と二七回も首脳会談をやって、必死に取り戻そうとしましたが、遅きに失した感があった。当時の外務省幹部に聞くと、「ロシアが返還を考えるのは、ロシア経済が崩壊しかけた時か、日米同盟を本気で分断しようとする時だけだ」と冷めていました。

廣瀬　ロシアは二〇二〇年七月には憲法を改正し、「領土割譲に向けた行為や呼びかけを容認しない」と明記しましたし、ますます厳しくなりました。

近藤　今後、「日米韓台vs.中ロ朝」のような分断が東アジア地域で進めば、ロシアは中国企業を誘致して、北方領土の開発を進めるのではないですか。中国は最高級の「国後《くなしり》なまこ」を養殖したくて仕方ない（笑）。

廣瀬　おそらくそうなるでしょうね。北方領土では、すでに北朝鮮の労働者もずいぶん多く働いているようですよ。二〇一八年に訪問した時、現地の方が北朝鮮労働者は大勢いると話していました。

近藤　本当ですか？　ロシアが一方的に併合したウクライナのインフラ整備に行かせる可能性があるとは聞いていましたが。

廣瀬　北朝鮮は、ウクライナ東部で親ロシア派が独立宣言したドネツク人民共和国とルガンスク人民共和国を承認しています。また東部と南部四州のロシア併合も、一〇月四日に真っ先に承認しました。

近藤　北朝鮮は一九四八年にソ連の衛星国として建国して以来、これまで一方的に、ソ連・ロシアを必要とする関係でした。それが二〇二二年にウクライナ戦争が始まって以降、初めてロシアが北朝鮮に頭を下げた。武器と労働力を提供してほしいというわけです。見返りはエネルギーと、核・ミサイルの最新技術の提供でしょう。だから金正恩総書記は、喜々としてプーチン政権を称えるわけです。

廣瀬　北朝鮮による東部二州の独立承認は、ロシア、シリアに続く三国目です。シリア、北朝鮮という、ならず者国家だけが承認したという言い方もできますよね。ウクライナはすぐに北朝鮮と断交しました。

とはいえウクライナと北朝鮮もロシアの侵攻前はむしろ関係が良好だったとも言えます。例えば、北朝鮮のミサイル技術は、ウクライナから来ているケースが多いそうです。それなのに北朝鮮は、よくウクライナを裏切れたものです。北朝鮮と中国の軍事技術を支えたのはウクライナで、中国の空母「遼寧」もウクライナから購入したものです。

近藤　前述のように、一九九〇年前後にソ連や東欧の社会主義国が総崩れになった時、東アジアの社会主義国は生き残ったんですね。それで中国や北朝鮮は、旧ソ連や東欧の軍事技術を安く買いまくった。ただ空母「遼寧」を買ったのは、広東省の民営企業で、海岸に浮かべて観光ホテルにするつもりでした。それをその民営企業から、人民解放軍が二束三文で奪い取ったのです。

廣瀬　軍事技術の流出は、二〇一四年にウクライナ東部が内戦状態になったことも大きかったです。東部はウクライナ最大の軍事拠点で、軍事工場や軍事研究所が多くありました。そこで働いていた人たちが、内戦で失業してしまった。そこで彼らが中国やロシアや北朝鮮に、いろいろな武器や技術を売ったのです。彼らはこれで命をつないだ面があります。

技術者が北朝鮮に移るケースも多く、北朝鮮では家族ぐるみでものすごく大切にされるので喜んで移住した人もいるそうです。北朝鮮のミサイル技術が急速に高まりだすのは二〇一六年、一七年ぐらいです。二〇一四年から技術が入るようになり、二、三年で花開くのは、時間的にも符合します。

近藤　二〇一七年に北朝鮮は、米トランプ政権と一触即発になりました。すべてを犠牲にして、とにかく軍事技術を買いまくった年です。符合しますね。

「何度も歩み寄ったのに突っぱねられた」がプーチン大統領の論理

近藤　北方領土返還に前向きだったエリツィン大統領は、一九九九年大晦日の晩に、新年を祝う国民向けテレビ演説で、突然辞職を発表します。後を継いだプーチン大統領は、西側についてどのように思っていたのでしょう？

廣瀬　プーチン大統領の本音がどこにあるかは、なかなか読み解けない。謎です。彼も情報戦が得意ですから。

ただプーチン大統領の発言をそのまま繰り返すと「ロシアはつねに欧米とともにやっていこうとした。そう思って歩み寄ろうとしたのに、拒否したのは欧米だ」というものです。特に、プーチン大統領は、就任当初は欧米との共存を目指していて、ＮＡＴＯ加盟すら考えていたと言うのです。それが二〇〇三年のジョージアにおけるバラ革命を皮切りにしたカラー革命などで、欧米への不信感が雪だるま式に増幅して、共存への期待は消失していくのですが……。そして、ロシア側の理解では、欧米はロシアにハイブリッド戦争を仕掛けつづけ、ロシアは歩み寄ろうとしているのにＮＡＴＯは東方拡大を続け、軍事拠点をどんどん広げていった。それらは全部ロシアへの敵対行為であり、ロシアの安全保障を犠牲にする形で，ＮＡＴＯ諸国は自分たちの安全保障を強化してきたと考えるようになってしまったわけです。

近藤　確かに、プーチン大統領にも言い分はありますね。冷戦期はＮＡＴＯとＷＰＯ（ワルシャワ条約機構）が対立していて、冷戦の終結とともに一九九一年にＷＰＯは解体された。敵対する相手が消えたのだから、本来なら一六ヵ国の集まりであるＮＡＴＯも解体してもおかしくない。実際、一九九〇年にＮＡＴＯ側は、東方拡大しないという条件で、ソ連にドイツの統一とＮＡＴＯ加盟を認めさせています。ところがそこから、東欧に向かって増殖を始め、ついに三〇ヵ国の大所帯となってロシアの「庭先」まで来てしまった。ロシアからすれば、「ふざけるな」という話です。

廣瀬　とくにロシアが嫌がるのが、アメリカ主導のミサイル防衛システム（ＭＤ）です。オバマ時代の「リセット」で、ルーマニアやポーランドへの配備を中止したはずなのに、結局は配備しているというわけです。

ただこれは、半分本当で半分嘘です。アメリカが当初予定していたのは、かなり大規模な設置型のもので、その配備をやめたのは本当です。とはいえ可動式のものをポーランド、ルーマニア、トルコ、スペインの四カ国に置いた。これがロシアからしたら、嘘つきとなるわけです。

近藤　この問題は日本としても他人事ではない。次は東アジアにおけるＭＤが焦点になってきますからね。

廣瀬　ええ、ロシアと中国は、早くも反発しています。

ヨーロッパに話を戻すと、「リセット」の流れで、二〇一〇年に久しぶりにＮＡＴＯとロシアが会合しています。この時は二つ争点があり、一つはアフガンでの協力、もう一つはＭＤです。アフガンについては双方ともメリットがあるので、すぐに解決しました。つまりロシアは、ＮＡＴＯのアフガン侵攻に協力する。例えば物資を補給したり、ロシアの鉄道を利用することを認めるといったものです。

もめたのは、やはりＭＤです。ＭＤでも協力するという前提で始められた交渉でしたが、じつは互いの考えがすごく違っていた。ロシアは互いに全面的に協力し、手の内も全部見せあって共同で構築するイメージでしたが、ＮＡＴＯは違った。ふだんは別々に運用し、共通の敵ができた時、例えばイスラムが敵になった時に一緒にやるという想定でした。

近藤　ロシアとしては、再度の裏切りに遭ったと受け取ったわけですね。

廣瀬　そうなのです。それでロシアは不信感を強めてしまい、結論が出ないまま現在に至っている感じです。

「結局ＮＡＴＯはロシアを仮想敵国と見なしているから、そういう態度になるのだ」というわけです。

そもそもMDを固定式の大きなもので展開すると言い出したのは、ブッシュJr大統領です。この時プーチン大統領は猛反発しましたが、ブッシュは「MDは対ロシア用ではない」と言い切ったのです。イランを念頭に置いているものだから、気にしないでくれというわけです。

近藤 でも配備するルーマニアやポーランドは、ロシアに近いですよね。逆にイランからは遠い。

廣瀬 そこでロシアは踏み絵を提示します。当時、ロシアはイランの隣国アゼルバイジャンのガバラ・レーダー基地を借用していました。イランを念頭に置くなら、アメリカも使えばいいと提案した。あるいはルーマニアやポーランドよりも、ロシア南部のほうがイランに近い。ロシア南部に新しくレーダー基地をつくるから、それを使えばいいと。これに対してアメリカは、二つともNOと答えます。それを受けて、アメリカがロシアを仮想敵国と見ているからだと、ロシアは確信し、不信感を強めたのです。

近藤 二〇一六年、韓国にTHAAD（終末高高度防衛ミサイル）を配備した時と同じですね。あの時アメリカは「北朝鮮向け」と言いながら、レーダーの探査可能範囲は三〇〇〇キロもあって、北京を完全にカバーしていた。それで中国が猛反発した。

廣瀬　まさにそうです。ロシアとしては、こちらから何度も歩み寄ろうとしているのに欧米が突っぱねたという論理です。だから、そもそものボタンが掛け違っている。どちらが鶏で、どちらが卵かわかりませんが、そのような感じです。ロシアにはロシアの言い分があるのです。

NATOのユーゴ空爆で中ロのアメリカ不信はピークに達した

廣瀬　ロシアが「やはり欧米と我々は違う」と感じた最初のきっかけは、一九九九年のユーゴ空爆だったと思います。コソボ紛争でＮＡＴＯ軍が、ユーゴスラビアを空爆した。ユーゴ空爆に反対していたロシアは裏切られた思いで、「やはり欧米は信じられない」とロシアの反欧米意識がものすごく高まるのです。エリツィン大統領政権末期の出来事でしたが、そのムードを引き継いだのがプーチン大統領です。先ほど述べたように、プーチン自身は最初から反欧米ではなく、むしろ欧米との共存を目指したわけですが、それでもこの事件はプーチン大統領の心にも響いていたはずです。

近藤　ユーゴ空爆では、中国の大使館もやられました。一九九九年五月七日の現地時間深夜一二時前に、ベオグラードの中国大使館がアメリカ軍爆撃機の空襲を受け、三人が死亡し、数十人が負傷する惨事となった事件です。アメリカは誤爆だったと釈明しましたが、中国各地で反米デモが起き、中国はいまでも「五・八事件」(中国時間で五月八日)と呼んで追悼しています。

廣瀬　この時は、中ロともに欧米に対する不信感がピークに達しましたね。それがのちのコソボ問題にもつながります。

また日本人はあまり気づいていませんが、このユーゴ空爆では日本も大きな被害を受けています。当時、文官として国際連合保護軍(UNPROFOR)の最高指揮権を附与されていたのが、旧ユーゴ問題担当・事務総長特別代表に任命されていた明石康氏でした。そキリスト教国であるユーゴスラビアへの空爆は、ヨーロッパ人にとって衝撃的でした。そのため反発も大きかったのですが、それを予期したNATOサイドは、キリスト教文明圏ではない日本出身の明石氏に責任を転嫁したと言われています。明石さんは、NATO理事会決定に従い、NATOに空爆を要請する権限とボスニア全土において近接航空支援を要請する権限を委譲され、NATOの空爆決定権を事実上渡されていた存在でした。こうして、すべての責任が明石氏に転嫁され、欧米の一般市民の反発がNATOに来ないようにしたと言われています。日本人が無関心でいる間に、日本の方がスケープゴートにされていたことは日本人にも認識されるべきだと思います。

近藤　それは衝撃的な話ですね。ところで旧ユーゴスラビアは、中国の権益も大きいです。今はスロベニア、クロアチア、ボスニア・ヘルツェゴビナ、セルビア、モンテネグロ、北マケドニア、コソボの七カ国に分かれましたが、大半が中国の「一帯一路」を支持しています。特にセルビアの首都ベオグラードとハンガリーの首都ブダペストを結ぶ全長三五〇キロメートルの高速鉄道を中国が建設中で、二〇二五年に完成すれば、欧州初の中国高速鉄道になります。習主席は二〇一六年にセルビアを訪問した際、「共和国一級栄誉勲章」を授与されています。これら中東欧と中国は「17＋1」（中国・中東欧首脳会議）という連携の枠組みを持っており、年に一度、首脳会議を開いています。

廣瀬　旧ユーゴの国々は、EU加盟国、ないし加盟候補国でもあります。NATO諸国から見ると中国やロシアがやっていることは、コロナ禍におけるマスク外交やワクチン外交も含め、NATOに対するハイブリッド戦争です。EU分断を図ろうとしているというわけです。

無理やり引き剝がされたモンテネグロ

廣瀬　モンテネグロも実に興味深い国です。モンテネグロは一時期セルビアと連合国家でしたが、住民投票の結果、独立しました。EUから「投票率五五パーセント以上、五五パーセント以上の賛成」という条件が課され、五五・五パーセントというギリギリの数字で独立を決めました。

この時の投票について、私がモンテネグロでインタビュー調査すると、知識人の数人が「我々は欧米に分断された」と答えました。住民投票の前に、欧米諸国の人たちが外国にいるモンテネグロ人を強制的に一時帰国させ、投票させたと言うのです。それで何とか条件をクリアしたわけで、「我々はセルビアの一部でいたかった」という人も、けっこういました。

モンテネグロは小国で、産業は観光業ぐらいしかありません。アドリア海が大きな観光資源で、これは夏しか稼げないということです。ほかに産業がない貧しい国で、セルビアの一部でいたほうが豊かだったのに、無理やり引き剥がされたというわけです。

「欧米にやられた」という意識を持つ知識人が多いなら、中国とも親和性があるかもしれません。

近藤　アフリカ、中東、中南米などでもそうですが、「反欧米」の国は、おしなべて「親中」です。コロナ前に中欧・東欧各国を回って中国の影響を調べましたが、首都の目抜き通りに「中国銀行」と「ファーウェイ」の巨大看板が掛かっていたら親中国ですね。

それにしても、モンテネグロまで行って現地調査なんて、素晴らしいですね。

廣瀬　モンテネグロのような小国となると、きちんと調査している人は確かに多くはないでしょうね。日本大使館もセルビアの日本大使館が兼轄している状態です。でもそういう国が、世界を動かしたりもします。先述のアフガニスタンのように、中ロ和解の大きなきっかけにもなることもあります。第一次世界大戦も、セルビア人の青年がオーストリア皇太子を暗殺したことから始まっています。

「ロシアが敵でないともの足らない」と考えるアメリカのタカ派

廣瀬　ロシアや中国が欧米に不信感を抱いていることは確かでしょうが、一方でヨーロッパに「ロシアと仲良くしたほうがいい」と考える人が一定数いることも確かです。

近藤　ロシアの石油と天然ガスに頼っている国が多いですからね。

廣瀬　安定的に買えるなら国の安定につながります。ただアメリカのタカ派には「ロシアと争っていないと気が済まない」という人も多いと聞きます。

ロシアの勢いがなくなり、逆に中国が勢力を伸ばしだした二〇〇〇年代頃、アメリカ最大の敵が中国のようになっていきます。「それではもの足らない」と思うタカ派が、けっこういたようです。
そうした中、二〇一四年にロシアがクリミア半島で暴挙に出ました。以後アメリカはロシアに厳しい制裁をかけていきますが、これをタカ派がものすごく喜んだ。

近藤　習近平主席は表向き「人類運命共同体」なんて言っているけれど、プーチン大統領は敵国と思えば軍事攻撃を仕掛け、国内の反対派は暗殺してしまう。

廣瀬　そうです。タカ派が「やっぱり敵はロシアじゃないか」と喜んでいたと元同僚のアメリカ研究者から聞きました。
その文脈でいくと、ロシアとの対決を喜ぶ層がアメリカにいることは確かです。一方で「共存するほうがいい」と思っている層もいる。一枚板になれないから、対ロ政策が迷走しているようにも思います。

近藤　ただアメリカにとって、長期的には対中国でしょう。二〇二二年一〇月の第二〇回中国共産党大会で習近平総書記が「三選」を決めて以降、また一段強硬になってきた感があります。同月に米国防総省が公表した「国家防衛戦略」でも、中国を「最も深刻な挑戦」と位置づけています。
総合力で見ても、ロシアよりも中国の方が格段に上です。人口と経済力で一〇倍、軍事費で五倍弱です。

廣瀬　中国の勢いを潰そうとしているのは間違いありません。日本でも話題になっている経済安全保障は、その最たるものです。機密情報が中国に抜かれることで、アメリカの力が相対的に弱まっている。だから情報の流れを統制する。これは対ロシアでは、やっていなかったことです。

ただ、全体的に中国の方が脅威なのに、ロシアの方がやっていることが目立つ（笑）。大胆で雑だから、真正面から制裁をくらいやすいのです。サイバー攻撃にしてみても、ロシアはアメリカ大統領選に介入しましたが、中国はアメリカの宇宙関連技術にこっそりサイバー攻撃をかけて、いつのまにか宇宙大国になってしまった。

近藤　中国は狡猾だから、じわじわと「自分の領域」を広げていきます。いわゆる「サラミ戦術」です。いずれにしても、大胆不敵なロシアと、細心緻密な中国が手を組んだ時が恐いですね。

四章 プーチン政権誕生で変わりだした中国とロシアの関係

まず「ロシアを大きくしたい」と考えたプーチン新大統領

近藤　三章で議論したように、ＮＡＴＯによるユーゴ空爆で、ロシアはアメリカに対する不信感を募らせるようになります。中国も同様です。

そうした中、二〇〇〇年にロシアの大統領がエリツィンからプーチンに変わりました。ここからは改めて、プーチン時代の中国とロシアの関係について見ていきたいと思います。

廣瀬　プーチンが首相になったのは一九九九年八月です。それまでの一年半足らずで五人目の首相でした。そのため、多くのロシア人も、また短命首相だろうと思っていました。ところが先述のように、同年の大晦日にエリツィン大統領が電撃辞任して、翌年三月二六日の大統領選で、プーチン首相がそのまま立候補して当選した。ここから長いプーチン時代が始まるわけです。

近藤　中国の外交官から聞いた話ですが、当選を決めた日に、二六歳年上の江沢民主席が祝福の電話を入れた。そうしたらプーチンは、「初めて外国の首脳から電話をもらった」と感激して、「台湾は中国の一部だ」と繰り返し語ったそうです。それでロシア通の江沢民主席と銭其琛副首相が、「この男はいける」と判断し、ロシアとの接近を図ったのです。中国にとって先代のエリツィン大統領は、欧米を向いているイメージでした。

廣瀬　プーチン大統領は就任後、まず「ロシアを強大にしなければならない」と思ったのです。ソ連解体によってロシア人は、自分たちの尊厳がものすごく汚されたと感じている。「あの素晴らしかったソ連を解体させた」ということで、ゴルバチョフを憎んでもいます。

またロシア連邦になって初めてのエリツィン大統領の時代は混乱の時代で、エリツィン大統領自身も飲酒などで自滅していました。政治力もほとんどなくなり、とくに後半は新興財閥のオリガルヒに政治をガッチリ握られていた感じでした。欧米からも軽視されている雰囲気があり、ロシア人としてはもっと強いロシアを復活させたい思いがあった。

近藤　東京にいてもそんな雰囲気は分かりました。東京・麻布台のロシア大使館は、いまでこそ要塞のようですが、エリツィン時代はイベント会場のようでした。ホールやバレーコートなどを一般の日本人に有料で貸し出していたからです。知人がパーティをやるというので行ったら、給仕してくれたのは外交官夫人。その時、バレーボールを勧められたので、「相手がいない」と答えたら、外交官チームを作ってくれた（笑）。

廣瀬　そうした状況は、プーチン大統領もわかっていて、だからこそまず強いロシアを復活させようとしたのです。少し時代を遡るとプーチン大統領は首相時代の一九九九年に、チェチェン紛争を再燃させています。一九九四年に始まったチェチェン紛争もロシア人にとって屈辱の歴史になりました。要するに負けたわけです。

九六年に負けて、二〇〇〇年までチェチェンの地位を凍結させるというハサヴユルト協定を結びますが、これもロシア人にとっては屈辱でした。

近藤 チェチェンは中国にとってのウイグル族のような、パワフルなイスラム系民族ですよね。

廣瀬 そうです。当時のプーチン首相はそこにまず目をつけたのです。このトラウマを乗り越えないと、ロシアの復活はないと。そのような中で一九九九年八月から九月にかけて、ロシアの三都市でアパート連続爆破事件が発生しました。

近藤 ありましたね。何だか自作自演のような怪しい事件でした。

廣瀬 KGB（ソ連国家保安委員会）の後身、FSB（ロシア連邦保安庁）を使ってやらせたようです。のちに元KGB・FSBのアレクサンドル・リトビネンコがそれを告発したら、放射性物質のポロニウムを盛られて亡くなるという事件もありました。だからたぶん真実でしょう。

ロシアのリャザン州でも爆破未遂事件と思われる怪しい事件がありました。ナンバープレートを紙で隠したクルマがあり、紙を剥がすとFSBのナンバープレートが出てきた。

中には火薬を入れた白い袋が置いてあり、警察が「これをどうする気だ？」と尋ねると、「これは砂糖だ」とか「これは訓練だ」とか苦しい言い訳をしていた。

またアパート連続爆破事件の少し前にチェチェン人が隣国ダゲスタンに侵攻していますが、これもFSBの挑発でやったと言われています。このダゲスタン侵攻とアパート連続爆破事件の復讐として、ロシアは九月にチェチェンに攻め込みます。これにより当時のプーチン首相は、いきなり人気が出たのです。

近藤　多くのロシア人は、チェチェン人が嫌いなのですか？

廣瀬　残念ながら、そうです。そもそもコーカサスの人間を「すごく野蛮」と見ていて、まともに人間扱いしていません。

近藤　やはり中国におけるウイグル族と似ていますね。

廣瀬　だからチェチェンに攻め込んだプーチン首相を国民は讃えた。それから前述のように突然、エリツィン大統領が電撃退陣を発表しました。それでなし崩し的にプーチン首相が大統領になったわけです。いちおう大統領選挙を経ていますが、ここでプーチン新大統領が掲げたのが「強いロシアの復活」だったのです。

強いロシアを復活させるには、やはり勢力圏構想をきちんと進めていく必要がある。つまり旧ソ連地域をロシアの勢力圏とみなし、行動していくことになります。また近隣諸国との関係をきちんとさせないと足を引っ張られると言うわけで、ありとあらゆる領土問題を解決していくことを急務としました。

近藤　なるほど、二〇一二年以降に習近平総書記がやることを先取りしているようですね。

廣瀬　これが一章で議論した、二〇〇四年の中国との国境問題の解決にもつながっていくのです。一方で旧ソ連の構成国に対しては、厳しい対応を取っていく。アメとムチを使い分けながら構想を押し進めました。そうした中で起きたのが二〇〇一年の九・一一事件です。

すでに述べたように、これはプーチン大統領にとって、非常にラッキーでした。石油価格が急騰し、ロシアは石油による収入がどんどん増えます。気づいたら経済的に豊かになっていて、国民は「プーチン大統領がロシアを豊かにした」と錯覚するようになるのです。「ロシアを再び強く大きくしてくれた大統領」というわけです。

国境問題でロシアと思惑が一致した中国

近藤　これも前述のように、九・一一事件では、中国も得をしています。アメリカが中国を警戒するようになったと思ったら、中東に目が向かいだしたからです。アメリカが本気で中東を叩くなら、中東と経済的結びつきが強い中国を味方につける必要があります。

そこで中国は、アメリカの後ろ盾を得て、ＷＴＯ加盟や北京オリンピック・上海万博開催など、経済発展の基盤を築いていきます。二〇〇三年からは、自らがホスト役となって北朝鮮の核問題を話し合う六者協議（日・米・韓・中・ロ・朝）を北京で始めます。これは、アメリカに北朝鮮を空爆されたら中国も損害を被ってたまらないということで、自衛策でした。

廣瀬　中国としても、そうした延長線上に、ロシアとの国境画定があったわけですね。

近藤　そうです。二〇〇三年に江沢民政権から胡錦濤政権に移行しますが、残された課題として台湾統一問題がありました。胡政権は人民解放軍を、北側の陸軍中心の軍隊から、南側の海空軍中心の軍隊へと変えたかった。そのためには、一番長いロシアとの国境を画定させる必要があったのです。

廣瀬　そこはプーチン大統領の思惑と一致したことでもあります。

近藤　まず二〇〇二年一〇月に、懸案だったウスリー島とボリショイ島について「およそ半分に分けよう」と中国側が提案します。そして二〇〇四年一〇月にプーチン大統領が訪中し、「中ロ東部国境補充協定」に署名します。ウスリー島は中国側が一七一平方キロ、ロシア側が一六四平方キロで、中国のほうがやや広いですが、ロシアはより重要なハバロフスク側を取ることで折り合いました。

またアムール川、ウスリー川、アルグン川の中州や島二四四四は、一一六三がロシア、一二八一が中国で画定。面積はロシアが八八六平方キロ、中国が八五一平方キロと、こちらはロシアのほうがやや広いです（前掲書P一九八）。

これで中ロの国境四二四九キロが、すべて画定した。中国は安心して、台湾統一に向けて軍事拡張できるようになったのです。

廣瀬　それはロシアも同様で、かつてのように中国との国境に大規模な国境警備隊を張りつけておくなどということは不要になり、西側のＮＡＴＯとの角逐に集中できるようになりました。

近藤　昨今、中国が行っている南シナ海の人工島建設や台湾に対する強烈な威嚇は、すべて二〇〇四年にロシアと国境を決めたことで可能になりました。中国は一四ヵ国と陸の国境を接していますが、国境が画定していないのは、インドとブータンだけです。ブータンはまず向こうから攻めてくる心配はありません。残る懸念はインドだけです。

また二〇〇五年八月に中国は、ロシアと初の合同軍事演習「平和の使命―二〇〇五」を行いました。ここから東アジア海域における「中ロ軍蜜月時代」が始まります。

対ロ強硬派のエストニアと国境画定できないロシア

廣瀬　二〇〇四年の中ロの領土画定は、いわゆる「フィフティ・フィフティ」と言われ、のちのロシアの領土問題の考え方にもかなり踏襲されていきます。日本との北方領土問題もそうで、北方四島を「二島、二島」で解決するというシナリオも一時は可能性の一つとして存在していました。

近藤　プーチン大統領は柔道用語を使って、日本語で「引き分け」と言っていましたね。

廣瀬　島の数で言えばそうですが、面積比は九三パーセント対七パーセントです。だから北海道大学の岩下明裕教授の「三島と一島にしてフィフティ・フィフティにするべきだ」といった意見など、いろいろな主張が出されました。

ともあれ、「フィフティ・フィフティ」という解決策は、ノルウェーとの海峡境界画定にも使われました。

近藤　大国ロシアが小国ノルウェーと「フィフティ・フィフティ」で妥協したんですね。

廣瀬　そうです。ただ「フィフティ・フィフティ」は旧ソ連諸国以外との場合で、旧ソ連諸国に対しては厳しい姿勢が多くなっています。例えばエストニアやラトビアには彼らの主張を「完全に諦めろ」と迫りました。

近藤　小国がロシアと戦争しても勝てませんから、泣き寝入りということですか。

廣瀬　ラトビアは涙を呑みましたが、エストニアは領土割譲という面では妥協したものの、合意文書案で対立し、それでも合意しそうになったのですが、結局、国境確定がなされないまま今に至ります。そのことは後でお話ししますね。ロシアは当初、自国との国境が画定しなければ、ラトビアもエストニアもNATOが加盟を許さないと思っていたのです。ところがNATOが、「国境警備隊が守っていれば国境とみなす」という特別の判断を下したのです。その結果、ロシアもラトビアとの国境確定に応じました。

近藤　ヨーロッパならではの「国境感覚」ですね。

廣瀬　なぜエストニアが合意文書の問題でロシアと対立したかと言いますと、エストニアがソ連時代のエストニアの位置付けに極めてセンシティブだからです。エストニア、ラトビア、リトアニアのバルト三国は、どの国もソ連時代を「被占領時代」と捉えています。ソ連に占領されていたけれど、独立は維持されていた時代という認識です。このことをエストニアがロシアとの条約文に明記すると、ロシアがすごい剣幕で「削除しろ！」と怒った。

でもエストニアは「絶対に削除しない！」と譲らず、それで一回目の交渉は決裂するのです。二回目の交渉はほぼゼロベースから始め、最終的に共通の条文にはエストニアがソ連時代に独立国だったとは書かないけれど、エストニア国内向けの条文には書くということで決着します。

近藤　小国のエストニアも、恐るべしですね。

廣瀬　外相レベルでは署名も済ませたのですが、その直後に、ロシアによるクリミア併合が起きた。これを受けてエストニアでは、画定していた国境を破るような国と国境画定などしてはいけないという主張が、議員の間のみならず、国民の間でも一気に高まり、議会での批准ができなくなった。その間にサインした条文の有効期限が切れ、またゼロベースから交渉しなければならなくなってしまいました。

そうした中、今回のウクライナ侵攻が起こった。エストニアとしては交渉などできるはずありません。だから当分、現状維持の状態が続くでしょう。

近藤　バルト三国と言えば、リトアニアもすごいですね。二〇二〇年一一月に就任したイングリダ・シモニーテ首相は、翌年七月、自国に台湾代表処を設置してしまった。ヨーロッパで台湾（中華民国）と国交があるのはバチカンだけですから、台湾の蔡英文政権は、欣喜雀躍しました。私は二〇二二年一〇月に来日したシモニーテ首相に話を聞く機会があったのですが、「自分がＥＵ域内で、自由と民主の台湾を応援しようという火付け役になっているのよ」と意気軒高でした。

廣瀬　バルト三国を比較すると、ラトビアが一番穏健に見えていましたが、二〇一四年以降は、かなりロシアに対して強硬になりました。一番強硬なのがエストニアで、次がリトアニアです。

ちなみに、エストニアとラトビアはロシア人が多いのです。四分の一ぐらいがロシア人で、だから自国民保護を理由にロシア人が攻め込む可能性を危惧しなければならないという状況もあります。

BRICSと上海協力機構に見る中ロの微妙な関係

近藤　中国とロシアは国境を画定させて以降、合同軍事演習を行うなど距離をどんどん縮めています。先に述べたように、二〇〇九年にはG７に対抗する枠組みとして、ロシア、中国、インド、ブラジルによるＢＲＩＣｓ（現在は南アフリカを加えてＢＲＩＣＳ）を作りました。

そして毎年年末に行われるＣＯＰ（国連気候変動枠組み条約締約国会議）でも、「先進国対新興国」という構図の中で、中ロは新興国代表としての地位を築いていきました。

廣瀬　ＢＲＩＣｓという枠組みについて、最初ロシアは懐疑的でした。三章でも述べたようにＢＲＩＣｓという概念は、もともとゴールドマン・サックスが言い出したものです。ロシアからすると、格下の国と同じグループにされたという意識があったのです。

近藤　ロシアは前世紀後半、アメリカと世界の覇権を争っていた大国でしたからね。

廣瀬　とくにブラジルと一緒にされることが不快だったようです。とはいえ、できてしまったものは仕方ない。これを利用しようと考え、ロシア主導の形でＢＲＩＣｓの会合も自ら招集するようになるのです。

ただ、現在のＢＲＩＣＳは、中ロの微妙な関係を反映しているところもあります。このあたりは二〇〇一年に設立された上海協力機構（ＳＣＯ）にも共通します。表面的には「対欧米」的な要素があり、緊密に協調している。ただし細かく見ると、お互いに敵対心を燃やしているという感じです。

近藤　中国からＢＲＩＣＳを見ると、習近平主席が首脳会議に参加し始めたのは、国家主席に就任してわずか一二日後に南アフリカで開かれた二〇一三年三月からです。その時の模様を関係者に聞いたら、習新主席は最初こそ緊張していたものの、自国の巨大な存在感を再認識し、自信を持ったそうです。何せ中国のＧＤＰは他の四カ国の総和よりも大きいため、中国が首を縦に振らないと何も決まらない組織なのです。

廣瀬　確かにＢＲＩＣＳの場合、ロシアの存在感は中国よりも小さいです。二〇一一年の南アフリカの加盟も中国が誘ったものです。それをいかに「中ロが共に牽引しています」と見せるかでロシアは必死です。

上海協力機構の場合、例えば二〇〇五年に、互いに激しく対立するインドとパキスタンがオブザーバー参加しますが、インドを入れたかったのはロシアで、パキスタンを入れたかったのは中国です。どちらか一方だけ入れると、中国とロシアの力関係が明確になってしまうということで、二〇一五年に両国を揃って正式加盟させました。

近藤　その後、二〇二一年にイランが正式加盟しますが、こちらは中ロが共に勧めたものです。

そもそも中国は、二〇〇八年秋にリーマンショックでＧ７が総崩れとなってＧ20が始まった時、「米中二大国時代」を構築しようと目論みました。だから四兆元（当時のレートで約五八兆円）も拠出し、世界経済を救ったのです。

おそらくロシアは、こうした中国の台頭を警戒したのだと思います。それで、Ｇ７に対抗する枠組みとして、ＢＲＩＣｓの創設を中国に持ちかけた。

廣瀬　私もそう思います。ＢＲＩＣｓの最初の会合は、二〇〇九年六月にロシアのエカテリンブルクで、ロシア主導で行われました。

近藤　一方、上海協力機構は、当時の中国の江沢民政権が提言して設立したため、参加国の多くは中央アジアなのに、江沢民主席の本拠地である上海で最初の会合を開き、「上海」の名前を冠しました。上海協力機構は、一九九一年のソ連崩壊後、ソ連の構成国だった中央アジアの国々が独立したことに始まります。中国がそれぞれの国と国境を画定するため、国境を守る機構の設立を働きかけたのです。

一九九六年の初会合には、中国、ロシア、カザフスタン、キルギス、タジキスタンの五カ国が参加したので「上海ファイブ」と名付けました。その後、二〇〇一年にウズベキスタンも入り、六カ国になったので上海協力機構と名前を変えたのです。

ウズベキスタンの加盟が示す上海協力機構の反米的要素

廣瀬　上海協力機構ではテロ対策も行っています。同じ年に起きた九・一一事件でアメリカが「テロとの戦い」を標榜したのを受けて、ロシアはチェチェン問題、中国はウイグル問題を念頭に「テロとの戦い」を言いだすのです。さらに中央アジアをアメリカに取られたくない意図もあり、「中央アジアにおけるテロとの戦い」という機能を持たせました。

近藤　開催地を持ち回りにして、毎年首脳会議を行い、今では合同で対テロ演習も実施していますね。

また、二〇二二年九月にウズベキスタンのサマルカンドで開かれた首脳会議は、二年八カ月ぶりに国外へ出た習近平主席が、ウクライナ戦争後初めてプーチン大統領と対面で会談したことが注目されました。

しかし、中ロの真の目的は、NATOに対抗できるような組織を中央アジアに構築することです。そのため、UAE、ミャンマー、クウェート、バーレーン、モルディヴを、対話パートナー国として参加できるよう検討手続きを行うと発表しました。


廣瀬　このところ、拡大路線が顕著ですね。

上海協力機構が「テロとの戦い」に力を入れるのは、中央アジアではテロが深刻な問題でもあるからです。アフガニスタンが近いうえ、ウズベキスタンとキルギスとタジキスタンの国境地帯であるフェルガナ盆地はテロの温床と見なされてきました。テロリストが多く、さまざまな民族が入り混じっているので、頻繁に衝突が起きてきています。

二〇〇五年にはウズベキスタンのアンディジャン市で、アンディジャン事件と呼ばれる大規模な反政府行動も起きました。ウズベキスタンが上海協力機構に入ったのも、アンディジャン事件がきっかけです。

近藤　ウズベキスタンは、カザフスタンの陰に隠れているように見えますが、中央アジアのカギを握る国の一つですよね。元駐ウズベキスタン大使から、「実に奥深い国だ」と聞きました。

廣瀬　九・一一事件後に米軍は「テロとの戦い」のため、キルギスとウズベキスタンから空軍基地を借りました。本来、これはロシアにとって大ごとです。自分の裏庭に米軍が来るわけですから。しかし、当時、ロシアはこれを認めたんですよね。そういう意味でも、やはり二〇〇三年まではプーチンは欧米との関係構築やＮＡＴＯ加盟を本気で模索していたと思うのですよね。でも、二〇〇三、〇四年にカラー革命が起きてからは、ロシアは米軍基地にも警戒感を強めるようになった。

そんな中で起きたアンディジャン事件に欧米が激しく反発したので、ウズベキスタンは欧米ではなくロシアを選び、米軍には出て行ってもらう一方、上海協力機構に加盟して行ったわけです。

ちなみに、キルギスは長年、米軍に空軍基地を貸与する一方、ロシア軍基地も国内に有していたため、ロシアはある意味、アメリカと天秤にかけられたと感じ、怒りを募らせました。こうして、結局キルギスも二〇一四年に米軍に出て行ってもらいます。

近藤　中央アジアは中国の裏庭でもあり、アメリカ軍基地には中国も怒りました。「反米」ということになると、中国とロシアはとたんに接近しますね。

廣瀬　そう思います。ウズベキスタンはアンディジャン事件で反政府運動を弾圧し、大勢を虐殺したと欧米から批判されます。いわば〝リトル天安門事件〟です。当時はイスラム・カリモフ大統領の時代で、以後彼は二〇一六年に死去するまで反欧米的な態度を取ります。ただしカリモフ大統領の次のシャフカト・ミルジョエフ大統領はバランス外交派で、アメリカとの関係改善を着任直後から進めてきました。

近藤　中央アジアの国々は、おっかない中ロ両大国に挟まれ、アメリカとの友好に活路を見出したいという気持ちは理解できます。

廣瀬　ウズベキスタンの加盟により、上海協力機構は中央アジア五カ国のうち四カ国が加盟国になりました。永世中立国であるトルクメニスタンだけが加盟せず、準加盟国のような立ち位置です。

トルクメニスタンが永世中立を標榜できるのは、天然ガスが豊富で、経済的にさほど困らないからです。一方ものすごい独裁国家でもあり、「中央アジアの北朝鮮」と言われています。現在のグルバングル・ベルディムハメドフ大統領はまだマシですが、その前のサパルムラト・ニヤゾフ初代大統領は極めて強権的でした。「国のものはすべて自分のもの」で、とくに国内の女性は全部自分のものといった感じでした。

近藤　北朝鮮の「喜び組」みたいですね。北朝鮮では制度として、若い美女を全国から集めてトップに奉仕させることをやってきました。

廣瀬　ニヤゾフ時代のトルクメニスタンは本当に非現実的な感じでした。例えば、外国人がトルクメニスタンの女性と結婚したいと思った際には、大金を持ってニヤゾフ大統領に許しを請いに行かなければならない。また「一月」「二月」「三月」といった毎月の呼び名を全部、自分の身内の名前に変えました。例えば一月は「花子さん」、二月は「太郎さん」といった具合です。

さらに「ルーフナーメ」という『聖書』のようなものをつくり、子どもたちに暗唱させたりしていました。首都アシガバートには巨大な機械仕掛けのルーフナーメがあり、ページを毎日めくっていく。あるいは金でできたニヤゾフ像があり、一日で一周する……。

近藤　まさに「中央アジアの北朝鮮」ですね。誰も逆らえないのですか？

廣瀬　トルクメニスタンでは電力およびガスが低価格ないし無料で国民に提供されており、国民の生活は比較的楽でした。そうなると不満は起きないのです。言うことを聞いていれば、ふつうに生活できますから。

ただし民主的ではありません。いちおう選挙をしていることになっていますが、そもそも選挙が行われていることをほとんど誰も知りません。あるアメリカのメディアが選挙日に街頭インタビューで「選挙に行きますか」と尋ねたところ、九八パーセントが、選挙を行うことを知らなかったそうです（笑）。

近藤　ますます北朝鮮ですね。ニヤゾフ大統領は暗殺されたりせずに死んだのですか？

廣瀬　ええ、ぽっくり亡くなりました。二〇〇六年に、六六歳でした。あとを継いだのはグルバングル・ベルディムハメドフ大統領ですが、無名で、彼が出てきた時「何者？」と。確証はありませんが、噂によるとどうやらニヤゾフの愛人の子のようです。

近藤　ということは、世襲ですね。ニヤゾフ大統領が遺言したのかもしれませんね。

廣瀬　出自が明確にされていないので公言できませんが、その可能性は低くないと思います。ともあれトルクメニスタン以外は、上海協力機構の参加国として国境画定に始まり、軍事、経済、文化まで幅広い分野にわたり、様々な協力を行っています。

武器が欲しいためロシアに気を遣う中国

近藤　上海協力機構は、名称を見ると中国主導に見えますが、実態はそうでもありません。中国以外は旧ソ連の構成国で、言語もみなロシア語圏です。資金は中国が握っているけれど、あまり中国が出すぎると、ロシアがいい顔をしない。

中国にとって、上海協力機構は対米的な意味合いが強いので、一枚岩を演出する必要がある。強引に主導権を握りたいけれど、そうしないわけです。

廣瀬　武器に関しては、ロシアが加盟国のすべてに提供しています。

近藤　中国自身、かつてロシアにとって最大の武器輸出国でした。二〇〇一年から二〇〇五年にかけて、ロシアの武器輸出の半数近くが中国向けでした。中国としてはスホイ戦闘機も欲しいし、キロ級潜水艦も欲しい。でもロシアは最新兵器を売ってくれなかった。

廣瀬　かつて中国はロシアが特許を持つ武器を自国で勝手に量産し、安く第三国に売ったりしていました。最近はロシアにライセンス料を払うようになりましたが、特許に対する認識が薄いので、中国への情報提供は慎重です。

一方でロシアは、インドにはどんどん武器を売り、武器の共同開発もしています。ロシアにとってインドは極めて重要な武器輸出国になっています。

近藤　インドは情報を盗んだり、勝手に他国に売ったりしないのですか。

廣瀬　しません。そこは中国と違います。ロシアが売ってくれないということで、中国はウクライナから武器を買うようになりました。本当はロシアの技術が欲しいけれど、ロシアは売ってくれない。そこで提供してくれるウクライナから入手していたのです。ロシアとウクライナはソ連時代は同じ軍事情報を共有していたわけですから、結局、来るものはほとんど同じになったわけですが。

近藤　ウクライナ戦争前の二〇二一年は、ウクライナにとっても最大の貿易相手国は中国でしたからね。ウクライナの主なインフラも中国企業が建設していました。

廣瀬　中国の最初の空母「遼寧」も、ソ連が設計した「ヴァリャーグ」がソ連解体で宙に浮き、ウクライナが保有していたものを中国が買ったのです。もともとソ連には、空母が二隻しかありませんでした。二隻しかないうちの一隻が中国に行ったのです。

さらにもう一隻の「アドミラル・クズネツォフ」も、もはや死んだも同然の状態で、修理すらできなくなってしまっています。

近藤　その空母は古いのですか。

廣瀬　あまりに古く、攻撃能力もほとんどないそうです。でも「空母を持っている」と見せつけるために、一応保持しているのです。

近藤　〝ハリボテ空母〟だ。

廣瀬　ただ、ハリボテとしての役割は担ってきました。シリア内戦でも、何をするわけでもないのに、シリア周辺を航行していました。威嚇効果だけでも狙いたかったのです。

しかも二〇一八年には、ムルマンスクにある修理用の浮遊ドックの一つが沈没しました。一つ沈没すると、もう修理はできないそうで、事実上アドミラル・クズネツォフは直せません。二隻しかないのに一隻は中国に売り、もう一隻は死んだも同然。つまり今現在、ロシアには空母がないのです。

近藤　中国は「遼寧」に続き、二〇一九年一二月に「山東」を就役させ、いま三隻目の空母「福建」を製造中です。

旧ソ連圏以外からも武器を購入しだしたロシア

廣瀬　もともとロシアには、高い船舶技術がありません。そこで近年、フランスから強襲揚陸艦「ミストラル級」二隻を購入する予定でした。従来ロシアは、ソ連時代も含めて圏外から武器を買わないスタンスを貫いていました。それなのにフランスから買うことにしたのは、二〇〇八年のジョージア戦争で、自分たちの兵器の拙《つたな》さや船舶技術の低さに気づいたからです。

近藤　ジョージア戦争は、戦争自体はロシアが勝ちましたよね。

廣瀬　とはいえ武器の威力自体は、比べ物になりませんでした。ジョージアはNATO諸国やイスラエルから高性能の武器を買っていました。そうした武器によってロシアはかなり苦戦しました。

近藤　現在のウクライナ戦争を髣髴《ほうふつ》させるエピソードですね。

廣瀬　ジョージア戦争でロシアは、ジョージアから戦車などの武器を大量に盗んでいました。当時のテレビを見ていると「戦車がロシアのほうに進んでいきます。撤退でしょうか」といった解説をしていましたが、実態はジョージアの戦車を盗んでいただけです（笑）。盗んだ戦車を分析して西側の武器の性能の高さに驚き、ソ連圏以外から武器を買ったり、技術を提供してもらわないとダメだと気づくのです。

それでフランスとミストラル級艦の売買契約をしますが、二〇一四年にロシアがクリミア半島へ侵攻したことで、この契約は破棄になります。フランスは売却を望みましたが、アメリカや他の西側諸国の圧力に負け、ロシアに莫大な違約金を払って売却をやめるのです。

近藤　契約破棄ということでは、フランスは二〇二一年にオーストラリアから、原子力潜水艦を購入する契約を破棄されていますね。建造期間が大幅に延びていることと、フランスの原潜技術がさほどでないことを理由にアメリカ製に切り替えた。フランスは怒り心頭で、西側も決して一枚岩ではありません。

廣瀬　ロシアにとってＮＡＴＯ主要国で話ができるのはドイツとフランスでしたが、とりわけ軍事技術ではアメリカの核の傘の下にいるドイツより、フランスのほうが断然上です。そう考えるとフランスから購入できるかどうかは、ロシアの軍事戦略上、とても重要な問題でした。

またロシアはジョージア戦争以後、イスラエルからも武器を買うようになりました。それまでイスラエルにとってジョージアは上客でした。ところがロシアから「大量に買いたい」と言われて、さっさとジョージアを見限り、ロシアに切り替えてしまった。ひどい話です。

ロシアは同時に、中国からは部品などをたくさん買っています。その最も大きな原因が、二〇一四年以降、ロシアがウクライナから部品等を買えなくなったことです。

近藤　中国は、ロシアに武器の部品を売って完成品を買うという関係を改善しようと必死です。これは一昔前の自動車やスマホと同じ構造で、遠からず自国で最新兵器を生産するようになると思います。

五章

習近平政権で
ますます進む
中ロの蜜月

プーチンとの初会談に大感激した習近平

近藤　中国とロシアは対アメリカで協調する一方、二国間関係においては、どちらが主導権を握るかで牽制しあう関係でもありました。そうした中、中国では二〇一三年三月に習近平政権が誕生します。ここからは習近平政権誕生以降の中国とロシアの関係を中心に議論したいと思います。

廣瀬　二〇〇〇年から大統領に就き、途中、二〇〇八年から首相を経由して、再び二〇一二年から大統領を務めていたプーチンにとって、当初は習近平という指導者を、それほど強く意識していなかったと思います。

近藤　そうですね。習近平が国家主席に就任した三月一四日の動向を私は注視していましたが、午前中に国家主席に選出されると、短い挨拶をして人民大会堂から姿を消した。そして、モスクワが朝になるのを待って、プーチン大統領に電話を入れたのです。これが国家主席になって最初の「仕事」でした。

「一刻も早く会って史上最も良好な中ロ関係を築きたい」とプーチン大統領に述べて、もう翌週の二二日にはモスクワに飛んで行きました。

廣瀬　あの時、プーチン大統領はクレムリン宮殿で、赤絨毯を敷いて軍楽隊を並べ、時代がかった歓迎イベントを開きました。そして習近平新主席を「タヴァーリシ」と言って出迎えたのです。共産党時代には日常的に使われていた「同志」を意味する言葉です。

近藤　私もＣＣＴＶ（中国中央広播電視総台）の映像で観ましたが、後に中国側に確かめたら、「タヴァーリシ」は、習主席が唯一知っているロシア語だそうです。新中国建国初期の「毛沢東―スターリン蜜月時代」の再来を願う習新主席は、これに感激した。

廣瀬　いまのロシアでは、むしろ、同僚などの意味で使われることが多い言葉ですが、プーチンは共産主義時代の意味合いを意識したと思いますね。

近藤　他にもこの時のエピソードがあります。例えば中国のリーダーは、「勝負ネクタイ」（重要時に締めるネクタイ）は、中国共産党の党色である「紅色」と決まっているのですが、この日はプーチン大統領が「紅色」で習近平主席が「青色」。これも後に聞いたら、「互いの友好の証しとして『色交換』をしたい」と中国側が申し出て、プーチン大統領が快諾したそうです。

廣瀬　ロシア側としたら、きっとどうでもいいことだったでしょうね（笑）。

近藤　何事も「形式」を重視する習主席にとっては重要なのです。他にも、二人の初の首脳会談の際、プーチン大統領が習主席に、丁重に額縁に入れた一枚の写真を手渡した。

そこには、一九五九年に中国代表団を率いてモスクワを訪問した父・習仲勲《しゅうちゅうくん》元副首相が写っていました。習新主席は、またまた感激で、この写真はいまだに「中南海」の執務室に飾ってあります。

廣瀬 プーチン大統領は、外交巧者ですね。

近藤 そう思います。この最初の首脳会談で、習主席は虚心坦懐に、「長期政権の秘訣を教えてほしい」と訊ねています。そうしたらプーチン大統領は、「それは軍とエネルギー産業を自分が握ることだ。この二部門さえ握っていればライバルは出て来ない」と即答したそうです。「政界に入って初めて担当したのがエネルギー部門で、その重要性を認識し、自分が政権を担ったら国有化した」と答えた。

この「教え」は身に沁みたようで、その後、中国国内で軍と国有企業の掌握に全力を注ぎます。

廣瀬 プーチン大統領としては、中国の新指導者がアメリカになびかないように、なるべくロシア側に引きつけておこうという狙いがありました。

近藤 そうだったんでしょうね。そのことを示すイベントがありました。この時は二泊三日で計二〇ものイベントをこなしたのですが、習新主席が中ロ首脳会談の次に重要視していたのが、ロシア国防省の視察です。外国人を入れたことがないとして最初は断られたそうですが、中国がロシア製武器を大量に購入していることもあり、拝み倒して認めてもらったのです。

廣瀬　私もロシアが、「秘中の秘」である国防省の内部に、外国首脳を迎え入れるとは思いませんでした。

近藤　習近平一行は、国防省の中枢である作戦指揮センターまで入れてもらい、ワレリー・ゲラシモフ参謀総長の説明を受けた。指揮センター内の巨大な掲示板が、陸海空軍、戦略ミサイル部隊、特殊部隊、果ては遠洋に航海中の艦隊までをスイッチ一つで映し出す様子を見て、たまげてしまったそうです。

総じて言えば、この時のモスクワ訪問は、かつて建国した一九四九年に毛沢東主席がスターリン書記長を頼って行った訪問と同様、「プーチン兄貴に教えを乞う旅」でした。

廣瀬　逆にプーチン大統領のほうは、重ねて言いますが、それほど習主席に対する思い入れがなかったと思います。これまでの中国との友好関係を、リーダーが代わっても引き続き行っていこうというくらいの気持ちだったと思います。

当初は安倍首相と習近平を天秤にかけていたプーチン

近藤　習近平新主席は、モスクワから北京へ戻らず、南アフリカで開かれたＢＲＩＣＳ（新興五カ国）首脳会議に参加します。国家主席になって初の国際会議ということで緊張し、舞台慣れしている元国民的歌手の彭麗媛《ほうれいえん》夫人を同伴して臨んだのですが、各国首脳が自分にペコペコ頭を下げるのに驚きます。何せ中国のＧＤＰは、他の四カ国（ブラジル・ロシア・インド・南アフリカ）の総和よりも大きいため、中国が首を縦に振らないと何も決まらないのです。

廣瀬　ロシアも、軍事的には中国より上だと思っていても、経済的には足元にも及びませんからね。

近藤　そうなんです。習主席はアフリカから、自信を持って帰国しました。それからほどなくして、密かに三つの目標を立てます。一つは短期目標で、中国共産党一〇〇年を迎える二〇二一年までに、アジア地域の支配権を取る。そのための最大のライバルは日本です。自分より三カ月前に発足した安倍晋三政権です。二つ目は中期目標で、二〇三五年までにユーラシア大陸の支配権を取る。そのための仕掛けが、同年秋に提唱する「一帯一路」（ワンベルト・ワンロード）です。三つ目は長期目標で、新中国建国一〇〇周年の二〇四九年までに、世界全体の支配権を取る。つまり、あらゆる分野でアメリカを追い抜くということです。

廣瀬　ロシアとしても、そんな気宇壮大な野望を抱く中国を、うまく利用していこうとしました。特に、二〇一四年二月にはロシアでソチオリンピックが開かれますが、人権問題で欧米諸国が政治的ボイコットを行い、開会式に出席する首脳は少なかった。わずかに出席した大物が当時の安倍首相と習主席です。トルコのレジェップ・エルドアン大統領らも出席しましたが、存在感のある国では、この二国だけです。

近藤　この時に中国は「安倍より先に首脳会談をやらせてほしい」と、必死に迫るのです。開会式は二月七日で、日本の北方領土の日でもあります。「こんな日を制定している国と首脳会談をすべきでない」とまで言ったそうです。

ただ開会式当日はプーチン大統領も多忙ですから、前日に簡素な建物で会談しました。わずか三〇分、ただ写真を撮るだけみたいな会談でしたが、中国メディアは「超多忙なプーチン大統領が真っ先に習近平主席と会った」と大々的に報じていました。

廣瀬　開会式ではプーチン大統領が貴賓席中央に座り、左右両サイドに安倍首相と習主席を座らせ、どちらにもいい顔をしていました。安倍首相との会談は開会式の翌日、ランチを含めて行いました。当時のプーチン大統領は、日本と中国を天秤にかけている感じでした。

クリミア侵攻で進んだ中ロの蜜月関係

廣瀬　ソチ冬季オリンピックが閉幕した直後の二〇一四年三月に、ロシアがクリミア併合して以降、欧米はもちろん、日本も含めて、次々と対ロ制裁が発動されていきました。そして国際的に孤立したロシアにとっては、中国が救世主のようになっていきます。とくに大きいのが、この年の五月に交わした天然ガス供給契約です。

近藤　そうですね。私は上海に行きましたが、五月二〇日と二一日に、習近平主席が主催した初の国際会議であるＣＩＣＡ（アジア相互協力信頼醸成措置会議）が開かれました。これは中国政治的に言えば、国家主席就任一年を経た習近平が、満を持して最大の政敵である江沢民元主席のお膝元の上海に乗り込んだということです。しかも欧米に経済制裁を喰らって窮地に立っているプーチン大統領を伴って。

廣瀬　上海では、三〇年間で四〇〇〇億ドル規模の天然ガスを、ロシアから中国に供給することで合意しました。価格はもとより、パイプラインを中ロどちらが建設するかという問題もありましたが、最終的にロシアがかなり譲歩したようです。ただ詳細な価格は公表されていません。中国がかなり買い叩いたらしいとは聞いていますが。

近藤　最後は徹夜交渉になったみたいですね。一〇〇〇立方メートルあたりで、中国側が三八〇ドルまで上げてロシア側が三八八ドルまで下げたと証言をする人もいました。結局、予定より一年遅れて、二〇一九年一二月から供給が始まっています。

大事なことは、中国から見れば、この中ロ史上最大規模の契約を結んだことによって、中ロの歴史上初めて、中国がロシア経済の生殺与奪を握ったということです。私は習近平主席が、プーチン大統領よりも自分の方が「上位」に立てると考えたのは、この時点からだったと見ています。

廣瀬　それから二カ月後の七月に、世界に衝撃を与えたマレーシア航空機撃墜事件が起きましたね。マレーシア航空一七便がウクライナ東部を飛行中に撃墜され、ロシアの関与が疑われました。オランダ発だった同機には、夏休みということで子どもや若者も多く、欧州を反ロシアでまとめ上げました。この事件を機にロシアへの制裁は、いよいよ厳しくなっていきました。

近藤　逆に中ロの蜜月は進んでいきます。同年一一月には北京でＡＰＥＣ（アジア太平洋経済協力会議）が開かれ、習主席は「ＡＰＥＣブルーを実現した」と宣言。故郷に錦を飾り、さらに自信を深めていきます。

北京APECにはプーチン大統領や、アメリカのオバマ大統領も参加しています。安倍首相と初めて首脳会談を行ったのも、この時です。私は「二五分のぶんむくれ会談」と書きましたが、まさに習近平主席は「皇帝気分」でした。

廣瀬　翌二〇一五年五月八日のロシアの対独戦争勝利七〇周年で、今度はプーチン大統領がモスクワに、習近平主席を招待。両首脳は仲睦まじく並んで軍事パレードを閲兵しました。この時すでに一一回目の会談です。

近藤　両首脳の会談は、二〇二二年の年末時点で四一回を数えています。安倍首相がかつて、「プーチン大統領と二七回会談した」と自慢していましたが、その一・五倍で、明らかに「プーチンとの会談回数」では世界一です（笑）。

習近平に蜂蜜を贈ったプーチンの厭味

廣瀬　ロシアはクリミア半島を併合して以降、明らかに中国への接し方が変わりました。それまでは、少し下に見ていた感じがありました。中国のほうから近づいてきて、プーチン大統領にとっては「うい奴」という感じでしたが、クリミア半島併合以降は、圧倒的にロシアのほうから積極的なアプローチをするようになります。

ただし中国の言いなりではなく、習主席に対して厭味なこともしています。象徴的なのが二〇一八年九月に開かれた東方経済フォーラムの時の一幕です。このフォーラムは二〇一五年以来、ロシア極東部への投資を促すため、毎年九月にウラジオストクで開催されている国際会議です。

近藤　日中韓の首脳が集まることでも知られていますね。二〇一八年は、安倍首相と習近平主席は参加しましたが、文在寅（ムン・ジェイン）大統領は、直後に平壌訪問を控えていたため欠席でした。

廣瀬　この年は、プーチン大統領と習近平主席がそろってエプロン姿でブリヌイと呼ばれるロシアのパンケーキを焼き、話題になりました。二人で屋台村も歩き、この時プーチン大統領がある屋台を指して「ロシアの蜂蜜はすごくうまいんだ」と言ったのです。

習主席が「ぜひ食べたいけれど、現金を持ってない」と答えると、「プレゼントしよう」と言って蜂蜜を渡した。なぜこれが厭味かというと、習主席は中国の隠語で「くまのプーさん」と呼ばれていたからです。蜂蜜と言えば、プーさんの大好物です。それを渡すのは、くまのプーさんに「蜂蜜をお食べ」と言っているようなもので、かなりバカにしているのは間違いないと思います（笑）。

その様子がロシアのテレビなどでも報じられ、ＳＮＳでも「ひどくバカにしてる」などと、ずいぶん拡散されていました。

近藤　そのせいで中国では、くまのプーさんは検索禁止用語になりました。私はこのキャラクターを詳しく知らなかったのですが、改めて見ると、でっぷりした食いしん坊で、いつも腹をグーグー鳴らしている。格好も似ていますが、すべての権力を自分に集めようとする様子を想像してしまいました（笑）。

廣瀬　プーチン大統領は、そういう悪戯《いたずら》を時々やるんです。二〇〇七年には、ドイツのアンゲラ・メルケル首相に対しても、似たようなことをしています。彼女は犬が大嫌いで、犬を本当に恐がるのです。それを知りながら、首脳会議の場で犬を放したのです。

ただ、プーチン大統領のこの時の行動には、二つの捉え方があります。メルケル首相が本気で怒ったことは確かですが、「本気で嫌がらせをした」というものと「イタズラするぐらい仲がいい」というものです。

近藤　メルケル首相にはジョークもありかもしれませんが、習主席はジョークが通用するような相手ではありません。

私にはもう一つ、印象的な光景があります。二〇一五年九月三日、習主席が北京で、中国人民抗日戦争勝利七〇周大会という軍事パレードを行い、プーチン大統領を始め、世界の首脳を招待しました。安倍首相は不参加でしたが、韓国の朴槿恵《パククネ》大統領が出席して、オバマ大統領が激怒します。

この時、習近平主席は、元皇帝の住居である故宮の中で、五〇メートルほど各国首脳を歩かせて「皇帝然」とした習主席の元へ向かう「皇帝ロード」を用意したのです。各国首脳はこの「儀式」を忍従しましたが、プーチン大統領だけは、わざとクネクネ回り道をしたり、口笛を吹くなどして不良少年みたいに歩いたのです。習主席もプーチン大統領の様子がおかしいと気づき、自分から歩いて迎えに行って、「こちらへどうぞ」と横の別室に案内していました。

廣瀬　途中で演出をやめたということですか。

近藤　そうです。習主席としては、天安門の楼台に上がり、両側にプーチン大統領と朴槿恵大統領を従えて、軍事パレードを閲兵するのが目的です。その前に、プーチン大統領の機嫌を損ねるわけにはいかなかったのです。

廣瀬　プーチン大統領は、けっこう恨みに思っていたかもしれません。これが先ほど述べた三年後の「蜂蜜事件」につながっているとも考えられます。

習近平を「運がいいだけの男」と見ているプーチン

近藤　プーチン大統領は本心では、いつも官僚が用意したペーパーを見て話をする習主席を見下げているかもしれませんね。四一回も首脳会談をやれば、相手がどういう人物かわかるはずです。

廣瀬　軽く見ている可能性は高いかと思います。プーチン大統領は常に、自分の言葉で臨機応変に話をします。毎年、テレビの生番組で四時間にわたって「国民との対話」を行っています。

近藤　習主席は外国語ができないばかりか、アドリブが苦手です。だから記者会見ですらやりません。

二〇一三年六月に初めてオバマ大統領とカリフォルニアで会った時も、一泊二日計八時間以上に及んだ首脳会談で、ひたすら紙を読み上げていたため、オバマ大統領が辟易《へきえき》したという話が伝わっています。ちなみに、この時、代わってアドリブに見事に対応したのが、王滬寧《おうこねい》中央政策研究室主任と楊潔篪《ようけつち》国務委員（ともに当時）で、二人は習主席に評価されて、その後一〇年にわたってブレーンを務めます。

廣瀬　では、習近平主席の優れている点というのは、どういうところですか？

近藤　それは、毛沢東ばりの抜群の権力闘争術と、これまた毛沢東並みの抜群の強運ですかね。

廣瀬　運がいいというのは分かります。二〇二二年のウクライナ戦争も、後述するように、習近平にとっては神風でしたよね。

近藤　二〇一二年一一月の第一八回共産党大会で総書記の座に就けたのも、その二カ月前に日本（野田佳彦民主党政権）が尖閣諸島を国有化したことが、大いに追い風になった。九月上旬の時点では、習近平常務委員（国家副主席）を総書記にするか、そして誰を常務委員に選ぶか、最終的な話し合いがこじれていたのです。

そうした中、日本が尖閣諸島を国有化したことで、江沢民グループが「胡錦濤親日政権が日本を甘やかした」として、政局にしていくのです。その結果、胡錦濤主席の弟分の李克強筆頭副首相は、首相の座に甘んじることになり、常務委員も江グループが七人中三人を押し込みました。習近平は総書記と国家主席に就いた後も、前述の二〇一四年一一月の北京APECまで、「反日」を振りかざして権力基盤を固めていきます。

廣瀬　プーチン大統領も習主席を「運がいいだけの男」と見ているかもしれません。彼の人を分析する能力は高いと思います。「こういう人には、こういう態度で行くといい」

といったことをよくわかっているように思います。

メルケル退陣でロシアと西側をつなぐ人を失った

近藤　ドイツのメルケル前首相も、頭脳明晰でしたね。プーチン大統領は彼女とは親密そうに見えました。

廣瀬　本当に気が合う関係でした。お互い、どちらの国の言葉も話せます。ロシア語で喋ることもできるし、ドイツ語でも喋れるから通訳が要らない。プーチン大統領はＫＧＢの諜報員として東ドイツのドレスデンに五年間派遣されていますし、メルケル前首相も東ドイツ出身です。東ドイツの共有体験みたいなものが、大きかったのではないでしょうか。

近藤　文化背景を共有しているというのは大きいですよね。戦後の日本外交も、アジアの周辺国に「日本時代」を共有している世代がいたから、大きく助けられた。台湾の李登輝総統と韓国の金大中大統領以降は、もういません。

廣瀬　そうですね。しかもドイツは、いまだに東西の格差がけっこうあります。そうした中、旧き良き東ドイツをプーチン大統領は知っている。プーチン大統領はメルケル氏と話すことで救われた部分がかなりあると言われています。愚痴なども相当聞いてもらっていたそうです。

近藤　二人は頻繁に会っていましたからね。

廣瀬　今回のウクライナ侵攻も、彼女の退陣が原因の一つという声もあります。プーチン大統領は、以前からNATOに対する不満がいろいろありました。それをメルケル氏が聞いて「まあまあ」と宥《なだ》めることもあった。NATOとの関係が緊張した時は、たいていメルケル氏が間に入っていました。

例えば二〇〇八年四月にアメリカのブッシュ大統領（当時）が、ジョージアとウクライナにNATO加盟の登竜門とされる「加盟行動計画（MAP）」を適用し、両国のNATO加盟を推進しようとした時です。ロシアは激しく怒りましたが、そのようなロシアに配慮して、メルケル氏とフランスのニコラ・サルコジ元大統領は、両国へのMAP適用問題の議論は同年一二月に行おうと提案した。しかし、一二月を待たずに、八月にロシア・ジョージア戦争が勃発したわけです。こうしてMAPの話は事実上棚上げになりました。

二〇一四年にはロシアのクリミア併合と、それに続くウクライナ東部の危機が起こります。ウクライナ東部の危機では、東部の親ロ派がウクライナからの独立を宣言し、事実上の内戦に発展し、ロシアの民間軍事会社などが非公式に親ロ派を支援するという構図が生まれました。この時も戦闘停止に合意するミンスク議定書の作成にあたり、ドイツとフランスが仲介役を務めました。

近藤　あの時はロシア、ウクライナ、ドイツ、フランスの四カ国の首脳がベラルーシのミンスクに集まり、徹夜続きの中、眠そうな顔で協議していました。最後まで毅然としていたメルケル首相と、腑抜けのようになっていたフランスのフランソワ・オランド大統領の様子が対照的でした。

廣瀬　この時プーチン大統領に、交渉のテーブルに着くよう説得したのも、メルケル氏です。やはりメルケル氏が西側とロシアを取り持つ役割を果たしていたのです。そしてお互いのメンツが保てるように働きかけていた。

近藤　なるほど。まさにメルケル氏あっての欧州の平和だったんですね。

廣瀬　「ミンスク議定書」は二〇一四年九月五日に調印されますが、その後も小競り合いが続いたため、再度停戦すべく二〇一五年二月一一日に「ミンスク2」が調印されます。しかし、「ミンスク2」は明らかにロシアに都合のよい条約だったので、ウクライナは履行しなかった。そしてウクライナは、独仏、特にドイツへの不信感を募らせることになったわけです。

なお、メルケル氏の前のゲアハルト・シュレーダー元首相に至っては、親ロどころかロシアべったりでした。

近藤　彼は中国ともべったりでしたよ。朱鎔基《しゅようき》首相と「刎頸《ふんけい》の友」なんて言われて。

廣瀬　かなり異常でしたね。ちなみに、ポスト・メルケル、すなわちドイツの現在の首相であるオラフ・ショルツ氏は、ロシアに対してかなりの強硬派です。フランスのエマニュエル・マクロン大統領にしても、プーチン大統領に頻繁に電話していますが、頼りない一面が目立ちます。このような状況になったからプーチン大統領は、「もはや侵攻しかない」と決断したような気がします。もちろん唯一の原因とは言いませんが。

近藤　外交は国家間の関係だから、誰がトップに就いても変わらないと言う人もいますが、私もやはり「首脳のキャラクター」という要素は大きいと思っています。例えば、アメリカのトランプ大統領に対して、誰も首に鈴をつけられない中、当時の安倍首相とイスラエルのベンヤミン・ネタニヤフ首相だけは、互いに腹を割って話せる信頼関係を築いていました。これは安倍政権時代の官邸幹部から聞いた話ですが、「トランプにこれを伝えてほしい」という依頼が、世界中から舞い込んできていたそうです。

プーチン大統領とメルケル氏も、そういった関係だったのでしょうね。いっそ「NATO特使」とかいう肩書を与えて、表舞台に復帰してもらったらどうでしょう。同じドイツ人の女性政治家でも、EUのウルズラ・フォンデアライエン委員長は、ほとんど存在感がありません。

「ヨーロッパ最後の独裁者」とプーチンとの関係は

廣瀬　プーチン大統領がよく会うトップには、ベラルーシのアレクサンドル・ルカシェンコ大統領もいます。でもやはり小物で、メルケル氏のような存在にはなれていません。ルカシェンコ大統領は、国内でもバカにされて「ルカ」というあだ名で呼ばれるほどです（笑）。「バチカ」（親父さんの意）というあだ名もよく使われるようですが。「ルカ」は反ルカシェンコ・スローガンにも使われているそうです。

そもそもプーチン大統領からもバカにされています。

近藤　彼は「ヨーロッパ最後の独裁者」と言われていますね。ベラルーシを「ヨーロッパの北朝鮮」と呼ぶ人もいる。でも北朝鮮ウォッチャーでもある私からすると、「北朝鮮はもっと恐いぞ」と言いたいですが（笑）。

廣瀬　ベラルーシという国は、ヨーロッパからいろいろな制裁を受けますが、制裁が少し緩むと欧米に近づいていく。逆に制裁が強まると、今度はロシアに行く。そんな行ったり来たりを繰り返すので、プーチン大統領もルカシェンコを全然信用していません。

しかし、ベラルーシがロシアにべったりになるのが二〇二〇年八月の大統領選挙以降です。この時は選挙期間中に大きな抗議行動があり、逮捕された活動家の夫に代わって妻のスヴャトラーナ・チハノフスカヤ氏が出馬しました。結果はルカシェンコ大統領の圧勝でしたが、これが不正選挙だったとして首都ミンスクで約二〇万人、その他の都市でも計数万人の抗議デモが行われました。

チハノフスカヤ氏は隣国のリトアニアに脱出し、国の指導者として行動すると表明し、欧米の首脳陣とも度々面会しています。ルカシェンコ大統領はプーチン大統領を頼らざるを得ず、以後頻繁にプーチン詣でをするようになります。

近藤　北朝鮮の指導者も、「困った時の中国詣で」と言われているので、やはりベラルーシは北朝鮮と似ているのかな。中国も北朝鮮のことを相当見下げているし。

廣瀬　プーチン大統領がルカシェンコ大統領をバカにしていると確信したのは、共にクルージングをしていた時です。プーチン大統領が「本当に俺についてくる気があるなら、海に飛び込め」と言ったそうです。

近藤　えっ⁉　それで飛び込んだんですか？

廣瀬　飛び込んだ（笑）。

近藤　体格はルカシェンコ大統領のほうが断然大きいんですけどね。一緒にいると大人と子どもみたいです。

廣瀬　もう一つ面白いのは、ルカシェンコ大統領はプーチン大統領と二人で会う時、三男だけ連れていくのです。どうも彼は、長男と次男を後継者にする気は全くなく、三男を溺愛《できあい》しています。長男と次男は本妻の子で、三男だけが愛人の子らしいです。確かに高身長で顔も整っており、自慢の息子なのだと思いますが、三男だけをあちこち連れ回しているようですね。

でも、一七歳になる息子をプーチン大統領との首脳会談に連れていくのは、ちょっと異常です。三人で食事している写真も公開されていますが、三男がふつうのTシャツ姿でして、そのラフな格好にも驚きました。

近藤　それは確かに変ですね。ルカシェンコ大統領はロシア語を話すんですか？

廣瀬　話します。とくにトップクラスは、みんなロシア語ができます。

近藤　ウクライナのゼレンスキー大統領もロシア語話せますか？

廣瀬　ゼレンスキー大統領は、もともとロシア語話者です。

近藤　母国語がロシア語なんですね。そのような大統領がロシアと死闘を演じている。

廣瀬　「ゼレンスキー」という苗字も、ロシア系のイメージを醸し出しています。ゼレンスキーは、大統領就任前はコメディアン、そして役者でしたが、ウクライナだけでなく、ロシアでもかなり多くの仕事をしていました。ロシアでも有名なコメディアンだったのです。ロシア語でずっと活動していて、大統領になるにあたり、かなりウクライナ語を勉強したそうです。

だから私はよく言うのです。「ロシア語話者＝親ロ派ではない」と。

近藤　よく留意しておきます。台湾で「中国語話者＝親中派ではない」と言うのと同じですね。

廣瀬　ただ、今回の戦争で、ウクライナのロシア語話者もロシア語を捨て、ウクライナ語で会話、生活をする努力をするようになったと聞きます。ウクライナのロシア語話者は今後どんどん減ってゆくでしょうね。

六章

中国、ロシア、アメリカの思惑を読み解く

ロシアにとって英米は「永遠の敵」

廣瀬　前章でプーチン大統領にとってドイツのメルケル前首相は、かなり気の許せる存在だったという議論が出ました。ただプーチン大統領はメルケル氏を、中国の習主席とは別のベクトルで捉えていたと思います。

メルケル氏が旧東独を基軸とした盟友であるとともに、EUとの関係における窓口的な存在であったのに対し、習主席はユーラシアで勢力圏争いをする相手であり、一方で対米戦略において協力する存在です。習主席とは一緒に対米戦略を進めたいけれど、メルケル氏と一緒にそれは出来ない。ただ西側社会にロシアの利害を代弁してもらう相手です。

そこで本章では、アメリカ、中国、ロシアという三大国の角逐について、改めて議論していきたいと思います。

近藤　中国とロシアは、ユーラシア大陸の二大国で、ともに自由民主陣営ではなく、強権国家への道を邁進している。それに対してアメリカは、一見するとウクライナ戦争を強行したロシアを「主敵」と捉えているようだけれども、二〇二二年一〇月二七日に公表した「国家防衛戦略」（NDS）や「核態勢見直し」（NPR）を見ると、明らかに中国の方をこれからの「主敵」と捉えています。

廣瀬　ロシアについて言うと、ロシアはＥＵとアメリカを完全に分けて考えています。例えばゴルバチョフ書記長が打ち出した「ヨーロッパ共通の家構想」です。東西に分断された状況を克服し、ロシアとヨーロッパで一つの共同体をつくるべきというものです。「自分たちも欧州の一員」という感覚がロシアには確実にありました。ありました、と過去形にしたのは、二〇二二年にウクライナ侵攻を進めるにあたり、プーチン大統領が西側との決別を決意してしまったからです。プーチン大統領も二〇〇三年くらいまでは西側との共存は可能と考え、ＮＡＴＯ加盟すら模索していたというのは既にお話しした通りですが、欧州共通の家構想にしても初期のプーチン時代には現実的に検討されたと思うのです。しかし、もはやそれは不可能になったということです。

近藤　ロシアとヨーロッパは、もともと長い交流があり、ロシアの王宮ではフランス語を話していましたよね。同じキリスト教国でもある。

廣瀬　ただしＮＡＴＯに対する思いは別です。ＮＡＴＯについてはヨーロッパというより「アメリカの軍事組織」という感覚です。ロシアの地政学者はよく「北大西洋諸国」という言い方をします。

平たく言えばＮＡＴＯ加盟国がロシアに対峙しているイメージで、「北太平洋諸国軍団の価値観を打ち砕く」ことが最近のロシアの安全保障上の重要課題となっています。そのためヨーロッパの中立化を図り、ロシアと友好的関係にすることが、ロシアにとっては重要な外交課題でした。

近藤　小さな島国の日本からすれば、二六倍も国土がある中国は巨大に見えますが、ロシアはさらに中国の一・八倍もの国土がある。陸続きでいつ攻め込まれるかしれないヨーロッパを中立化したいという気持ちは理解できます。

廣瀬　興味深いのは、ロシアが陸続きのヨーロッパの国々、つまりドイツやフランスなどと、イギリスとを分けて考えていることです。

ロシアからすれば、アングロサクソンの国、つまりアメリカ、イギリスとは、絶対に仲良くなれない。だから米英と仲良くしているヨーロッパの精神はおかしい。彼らの精神を正し、中立的でロシアにフレンドリーな国として仲良くやっていこうではないか、というスタンスでした。

近藤　それは興味深い視点ですね。たしかにイギリスは、二〇二〇年にブレクジット（EUからの離脱）を果たしたけれども、私は英独仏をなんとなく一体と見ていました。

廣瀬　今回のウクライナ戦争でも、ポーランドやバルト三国のような「未来永劫、反ロ」といった国々はロシアに厳しい態度を取っていますが、その背後で主導しているのは米英です。やはりロシアはアングロサクソンとはうまくいかないと再認識したと思います。でもそれ以外のヨーロッパ諸国とは、分かりあえると少なくとも戦争前は強く思ってきましたし、今も心の奥ではその思いを捨てていないかもしれません。

近藤　中世以降のヨーロッパ史を繙《ひもと》くと、ほぼその中心はドイツ圏（ハプスブルク家）ですね。やはりロシアはいまでも、ドイツを最重要と考えているのですか？

廣瀬　メインの国という意味では、そうです。周辺国で地勢学的に重要なのはドイツと日本とイランというのが、ロシアの考え方です。それらとロシアが深い関係を維持できれば、英米の同盟を崩せると考えているのです。

近藤　ドイツと日本というのは、第二次世界大戦の経験から理解できるけれども、イランも含むんですね。

廣瀬　イランは、中東における重要ポイントと考えていて、そこを押さえておく。そしてドイツを押さえると、ＮＡＴＯが崩れる。日本を押さえると日米同盟が崩れ、アメリカはアジアをコントロールできなくなる。

だからロシアの地政学者アレクサンドル・ドゥーギンは、イランのテヘラン枢軸、ドイツのベルリン枢軸、日本の東京枢軸が重要で、「それらを維持するために北方領土やカリーニングラードを日本やドイツに返すべきだ」とまで述べています。

ロシアのサイバー攻撃がアメリカ大統領選に与えた影響

近藤　ロシアはいつ頃から、「アングロサクソンは不倶戴天《ふぐたいてん》の敵」と思い始めたんですか？

廣瀬　それは第二次世界大戦後、冷戦時代を迎えてからです。ロシアにとっては、今も冷戦が継続している感覚なのです。

そもそもアングロサクソン（米英）とソ連が、ヤルタ会談で第二次世界大戦後の世界秩序を決めたのだから、「世界三大強国は英米ソ」という意識がある。それにもかかわらずアングロサクソンは、第二次世界大戦後にソ連を敵視するようになった。よって敵だという思考です。

近藤　米英とソ連は、第二次世界大戦でドイツや日本を敵にしている時は徒党を組んだけれども、敵が滅んでしまうと、すぐに仲違いを始めましたね。

廣瀬　ヨーロッパには、「鉄のカーテン」が下ろされました。ソ連からすれば、社会主義を世界に広げていくつもりが、分断されたわけです。

それが一九九一年の末にソ連が解体され、エリツィン大統領の新生ロシアが誕生すると、西側との関係性も変わりました。G7にも仲間入りしたりして、「不倶戴天の敵」ではなくなりました。しかし、二〇一四年のクリミア半島併合で、またもや「不倶戴天の敵」となるわけですが、それまでもロシアと西側の関係は決して順風満帆ではなかったのが実のところで、NATOが存続する中、冷戦的なムードが残ったままでした。特に一九九九年のNATOによるセルビア空爆以後は、さまざまな転機にロシアの対西側不信感が募っていったといえるでしょう。

近藤　二〇一七年一月に、ドナルド・トランプ政権が誕生した時も、ヨーロッパの雰囲気が変わりましたね。

私はアメリカという国は、一八世紀後半の建国以来、かなり「勝手な資本主義国」だったと思うんです。それが第一次世界大戦と第二次世界大戦を経て、民主や人権という理念を前面に掲げて世界の覇権を担う「規範国家」になった。ところがトランプ大統領が登場して、またもとの「勝手な資本主義国」に回帰してしまった。

廣瀬　対ロシア関係で見ても、トランプ政権の誕生時の状況は特異でした。トランプ氏はマイケル・フリン首席補佐官、レックス・ティラーソン国務長官、スティーブン・ムニューシン財務長官という「親ロ三人組」と呼ばれる側近たちに囲まれていました。特に、石油大手エクソンのCEOを務めたティラーソン国務長官は、プーチン大統領と緊密な関係にありました。

近藤　そうでしたね。これに中国は焦りました。というのも、中国に「原罪」があるからです。

冷戦は東西両陣営の対立でしたが、前述のように東側陣営のソ連と中国も、一九五〇年代末から冷戦状態に突入。それは、一九六九年の中ソ国境紛争でピークを迎えます。

そこで中国は、前述のように一九七一年から翌年にかけて、「敵国」アメリカを取り込むことでソ連に対抗していく外交の大転換を図った。ニクソン大統領の電撃訪中という「ニクソンショック」です。

廣瀬　これにソ連は激震しました。それが遠因となって、ソ連は解体したと言っても過言ではありません。

近藤　そうです。中国はそのことをよく記憶しているから、トランプ大統領の誕生で、プーチン大統領が電撃訪米し、「トランプショック」が起こるのではと気を揉《も》んだのです。それで中国は、とにかくトランプ・プーチン会談よりも先に、トランプ・習会談を開催しようと必死になりました。結局、「親ロ三人組」の立場が弱まったこともあって、トランプ大統領の就任から三カ月後の二〇一七年四月に、米中首脳会談が実現しました。

廣瀬　実業界出身のトランプ新大統領からすれば、ロシアビジネスよりも中国ビジネスの方が、より強い関心を引くものだったでしょうからね。

近藤　それは言えると思います。ところで、トランプ候補を勝たせるべくロシアが起こしたサイバー攻撃が効いたという話は、やはり事実なのですか？

廣瀬　サイバー攻撃によってメールなどの情報を窃取して公開したり、ＳＮＳを使ったフェイクニュースの拡散などによる情報戦を展開したことは確かです。ただ、どれだけ効果があったかは不明です。二〇一六年のアメリカ大統領選挙では、誰もがトランプ氏が勝つとは思っていませんでした。民主党のヒラリー・クリントン氏の勝利を確信していました。

ロシアが選挙への介入を行った目的は「クリントン氏が勝つのは確実だけど、就任に際して少しは汚点を付けたい」という程度のものでした。クリントン「新大統領」が少しでも疑いの目で見られる状況をつくり、新政権が弱体化するのを期待した。そのためにトランプ氏が有利になるフェイクニュースを流したりしたのです。

近藤　トランプ候補を勝たせるのが目的ではなく、僅差にさせることが目的だったというのは、興味深い話ですね。

廣瀬　ただロシアが何もしなくても、トランプ氏が勝ったという試算もあります。トランプ氏自身、ＳＮＳを積極的に利用していました。ロシアが二〇一六年の米国大統領選挙で使った全期間のサイバー攻撃・ＳＮＳによる情報戦の費用は、トランプ氏が一カ月に使った情報戦の費用の何分の一に過ぎないと言われています。トランプ氏はとてつもない資金を使っているわけで、おそらく自力で勝っています。

それなのにロシアが動いたせいで、ロシアがトランプ氏を勝たせたイメージになった。だからロシアは、すごく得をしたのです。非常に少ないお金で、アメリカ政治も動かすような力を持っているイメージを世界に持たせられたのですから。ロシア人の反政権的立場をとる研究者が、そのように言っていました。

近藤　ロシアはサイバー攻撃が暴露されて、損をしたと思ったら、そういうわけでもないんですね。

廣瀬　先ほどトランプ政権の「親ロシア三人組」の話が出ましたが、トランプ政権発足後にロシアからも、トランプ大統領に対する不可解な接近がありました。

ロシア人弁護士のナタニヤ・ベセルニツカヤ氏がトランプ氏に接近していましたが、この弁護士をトランプ氏と引き合わせたのはロシアのポップスター兼実業家であるエミン・アガラロフ氏とその父親で実業家のアラス氏だと言われています。その父子はアゼルバイジャン系で、ロシアで不動産業・建設業で成功し、財閥と見做されるようになりました。ちなみに、息子の方は、既に離婚していますが、かつて、アゼルバイジャンのイルハム・

アリエフ大統領の長女と結婚していました。

近藤　まさにトランプ大統領の「魑魅魍魎《ちみもうりょう》人脈」ですね（笑）。

廣瀬　そうです。アゼルバイジャンには未完のトランプタワーもあります（笑）。

近藤　ロシアではトランプスキャンダルもありましたね。モスクワのホテル滞在中、売春婦たちを部屋に呼び、その時の様子を録画したビデオがあると報道されました。あのハニートラップ事件は本当でしょうか？

廣瀬　火のないところに煙は立たないかと思うので、そこその信憑性はあるのではないかと思います。ロシアは狙ったターゲットに対してはありとあらゆる手段を使って弱みを握ろうとするからです。

近藤　東側陣営の崩壊後、北朝鮮が元シュタージ（東ドイツ国家保安省）の職員たちを雇っています。一九九二年四月の金日成主席生誕八〇年記念式典の際、彼らが仕掛けたハニートラップに、日本から訪朝した大物政治家が引っかかったという話を、北朝鮮の外交関係者から聞いたことがあります。それはかなり詳細な話で、教官となった元シュタージの職員たちが、「実習用」としてやってみせたのだそうです。シュタージのボスがKGBだったわけだから、ありえますね。

プーチンと会いたがったトランプ前大統領

廣瀬　ともあれトランプ氏とプーチン大統領は、ケミストリーが合うのだと思います。しかしいかんせん、アメリカ側に反ロシア的な雰囲気が高まっていた。加えて大統領選でトランプ陣営とロシアが共謀したのではないかというロシアゲート問題が、内政を揺るがすような状況でした。

そうした中でトランプ前大統領としては、プーチン大統領と会うこと自体が内政的に大問題であることを受け入れざるを得ませんでした。でも会いたくて仕方なかったと思います。

近藤　両大統領の初会談は、二〇一七年七月にハンブルクで開催されたG20の時でしたね。トランプ大統領はG20初参加にもかかわらず、ランチをすっぽかしてプーチン大統領と、通訳だけを連れて別室で密談していた。アフリカや移民に関する会議でも席を外し、代わりに長女のイヴァンカ大統領補佐官を着席させて問題になっていました。

廣瀬　二〇一八年七月にフィンランドのヘルシンキでも、米ロ首脳会談を行っています。アメリカ国内のさざ波がなければ、もっと頻繁に会っていたと思います。

近藤　アメリカでは軍と諜報機関が足を引っ張り合いますからね。

廣瀬　でも二人が互いに意気投合していたことは確かです。二〇二二年二月にロシアがウクライナに侵攻した時も、トランプ氏は「プーチンは天才」などとツイートして、顰蹙《ひんしゅく》を買いました。

近藤　たしかトランプ氏は三度結婚して、三度とも夫人はスラブ系の女性ですよね。

廣瀬　ただ二人の関係がどうあれ、ロシアがアングロサクソンを敵視する姿勢は変わらないと思います。どんなに親しい関係を築いたところで、アメリカの大統領は四年、長くても八年で交代します。

しかも議会などの制約を受けますし、政党間の権力闘争もある。一時的にロシアと良好な関係になっても、温存されるわけではない。実際、後任のジョー・バイデン大統領は、再びロシアを敵視しています。

近藤　一方で、トランプ大統領の中国に対する当初のスタンスは、「中国で金儲けしたい」というものでした。アメリカ建国直後から二〇世紀前半までの、伝統的なアメリカンスタイルです。

中国側もそうしたことは重々承知で、ある中国共産党員は「英語を話す華僑《かきょう》のようだ」と言っていました。そこで二〇一七年一一月に訪中した際には、中国側が総額二五三五億ドルものアメリカへの投資やアメリカ製品購入をプレゼントしたのです。要は米中関係を「カネで買おう」としたわけです。

廣瀬　経済力で劣るロシアにはできない芸当です（笑）。

近藤　喜色満面のトランプ大統領は「習近平主席は過去三〇〇年で最も偉大な中国の指導者だ」と誉めあげました。ところがワシントンに戻ると、「反中」の嵐に遭い、翌月には「ロシアと中国はアメリカの覇権を最も脅かす競争者である」と明記した国家安全保障戦略（ＮＳＳ）を発表するのです。

廣瀬　仮にトランプ氏が親中的な態度を取ったとしても、国内で強い圧力を受けて、自身から手を引いたことでしょう。

近藤　私もそう思います。北朝鮮についても同様でした。二〇一八年六月にはアメリカの大統領として初めて北朝鮮のトップ（金正恩委員長）と首脳会談を行い、関係改善に前向きでした。この歴史的なシンガポール会談には私も取材で行きましたが、米国務省の外交官たちは冷めていて、悲観的な先行きを暗示していました。

アメリカがトランプ大統領ならウクライナ侵攻はあったか

廣瀬　トランプ氏は、変に頑なところもありました。例えば米ロの二国間条約である新ＳＴＡＲＴ（新戦略兵器削減条約）の延長交渉です。新ＳＴＡＲＴは二〇一一年二月に発効され、有効期限は一〇年です。二〇二一年二月までに延長を決める必要があり、二〇一七年に就任したトランプ氏は、もっと前のめりにならなければいけないはずでした。ところがトランプ氏は延長を頑なに拒み、トランプ政権下では延長できず、バイデン政権まで持ち越すことになりました。そして二〇二一年二月五日に有効期限が切れるという直前の二月三日、ギリギリのタイミングで五年間の延長が正式発表されるのです。

近藤　トランプ大統領は、暴力装置としての核兵器は持って当然だということと、中国が不参加なのに米ロだけで再交渉なんて、無意味だと思っていたのでは？

廣瀬　そこは不明ですが、新ＳＴＡＲＴは米ロ間唯一の核軍縮条約なのに、トランプ氏はまったくやる気を見せず、交渉すらしなかった。やはりプーチン大統領も、まともに政治的な対話ができるリーダーではないと思ったのではないでしょうか。

近藤　トランプ政権で安保担当大統領補佐官を務めたジョン・ボルトン氏の回顧録（邦

訳は朝日新聞出版、二〇二〇年）を読むと、大統領の朝令暮改や理解不足が深刻で、ホワイトハウスは機能不全に陥っていたと書いています。トランプのことを「一歳の赤ん坊」と呼んでいる。

廣瀬　私はよく講演などで、「もしもトランプ氏が再任されていたら、プーチン大統領はウクライナと停戦交渉をしたでしょうか？」とよく質問されます。

近藤　トランプ政権下の世界で二〇二二年のウクライナを巡る一連のでき事が起こったかということは、私も聞きたい質問です。

廣瀬　それで答えるのは、「そもそもトランプ氏が大統領だったら、ロシアがウクライナに侵攻しなかった可能性が高いと思います」ということです。なぜならトランプ氏が何をやってくるか、わかりませんから。

近藤　モスクワにいきなり核兵器を撃ち込むかもしれない。

廣瀬　しかもロシアのウクライナ侵攻を確信した時点で、先制攻撃する可能性だってあります。

近藤　何と言ってもトランプ氏の最大の特徴は、「予測不能」ですからね。このことは、中国の外交官も言っていました。

廣瀬　また、ロシアがいまウクライナでやろうとしているのは、既存の国際秩序の変更です。秩序を変更すれば、それを維持しないと意味がない。秩序変更にものすごいコストを使っていますから。

しかしそもそも、既存の国際秩序を壊しまくったのがトランプ氏です。ＴＰＰ（環太平洋経済連携協定）から離脱する大統領令に署名したり、ＷＨＯ（世界保健機関）からの脱退を国連に通告したりした。

近藤　パリ協定（地球温暖化対策の国際的枠組み）やユネスコ（国連教育科学文化機関）からも脱退しましたね。

廣瀬　バイデン政権の最初の一、二年は、そうしたトランプ政権が壊した同盟や信頼関係を再構築したり、拾い集める作業でした。ＮＡＴＯにおける信頼回復も、まず最初に着手しました。

近藤　いまから思えば空恐ろしい話ですが、トランプ大統領はＮＡＴＯからも「脱退する」とごねていましたね。

廣瀬　それでマクロン仏大統領が怒って、欧州軍の創設を言い出した。やはりトランプ氏は「壊し屋」なのです。秩序を壊すリーダーは、世界的に見て信用できません。トランプ氏が行った秩序破壊は異常だと思われたはずです。

近藤　前述の『ジョン・ボルトン回顧録』には、二〇一八年一二月にアルゼンチンの首都ブエノスアイレスで行われた、米中首脳会談の様子が詳細に書いてあります。そこでは習近平主席がトランプ大統領のことを、ひどく恐がっています。それはまさに、発言が予測不能だからです。トランプ大統領との会談では当意即妙の術が求められますが、それは習主席が最も苦手とすることなのです。

廣瀬　これがバイデン大統領なら、習近平主席もまったく恐くないでしょうね。発言はだいたい予測可能ですから。

プーチン大統領も、トランプ氏との会話では、一見すると意気投合していたようだけれども、それほど踏み込んだ関係にはなれなかったと思います。

ウクライナ侵攻に対するプーチン的合理性

近藤　プーチン大統領はどうでしょう。その行動は予測可能なのでしょうか。

廣瀬　プーチン大統領の言動には、プーチン氏なりの合理性はあるかもしれません。ただそれが一般人に共有されるものではない。

近藤　プーチン大統領はウクライナ侵攻直前の二月二一日、国民に向けて約一時間の演説をしています。ロシア外務省が出した英訳を読みましたが、私にはその世界観が、この上なく独善的に映りました。

廣瀬　そのとおりです。ものすごく独善的で、ただしロシアに対する愛国心が非常に強いことはわかります。そのうえで今のロシアを、ロシア帝国に近い形に復活させようとしているのだと思います。ロシアの国際的ポジションを上げるためには、手段を選ばない。こうしたことが根本的スタンスです。

このスタンスは、二〇二一年二月一二日に発表したウクライナに関する論文「ロシア人とウクライナ人の歴史的一体性」でも同様です。

近藤　なるほど。それではプーチン大統領は、スターリンをどう考えているのですか。

廣瀬　たぶん好きです。彼がよく口にするのは、ピョートル大帝やエカテリーナ二世。でもその行動は、スターリンそっくりです。ただ、あまり言いません。とくに今回のウクライナ侵攻で持ちだすのは、ロシア帝国の著名な皇帝たちです。

ロシアの領土を拡張したのが彼らで、ウクライナもエカテリーナ二世が奪還した土地です。今回の戦争でも、エカテリーナ二世ゆかりの地への執着を感じます。

またアナロジーとしてよく言うのが「ピョートル大帝はロシア帝国の領土を広げたけれど、やったことは奪還である」というものです。「もともと持っていた土地を取り戻すのは正しい」と言っていて、それを今回のウクライナ侵攻にも適用しています。

近藤　習近平政権のスローガンも、「中華民族の偉大なる復興という中国の夢の実現」で、プーチン大統領の「取り戻す」発想と同じです。「偉大なる復興」とは、一八四〇年のアヘン戦争と一八九四年の日清戦争前の状態に戻すということです。だからアヘン戦争でイギリスに割譲された香港（島）を「元の状態」に戻し、日清戦争で日本に割譲された台湾を取り戻すというわけです。

しかし考えてみれば、スターリンのマネゴトをしたのが毛沢東で、毛沢東のマネゴトをしているのがいまの習近平ですから、プーチンと習近平の志向が似てくるのは当然かもしれません。

廣瀬　中国はロシアに対しては、「ロシアから取られた領土を取り戻す」とは明言していませんよね。

近藤　そうなんです。二〇二二年八月、ペロシ米下院議長の訪台を受けて、中国外交部の華《か》春《しゅん》瑩《えい》報道局長が「今彼らがやっているのは義和団の乱の時の八カ国連合と同じだ」と非難しました。「当時の中国ではないことを思い知るべきだ」と。同様の発言は、同年二月にもしています。

しかし前述のように、当時の八カ国連合には、ロシア軍も入っているんですね（笑）。会見場の記者たちは、なぜそのことを指摘しないのかと思います。

また一章で述べたように、中国は不平等条約により、約一五四万平方キロの土地をロシアに奪われています。そのことにも、いっさい言及しません。

廣瀬　まさにダブルスタンダードですね。

中ロが「奪還」をキーワードにする理由

廣瀬　プーチン大統領は今回のウクライナ侵攻で、ロシア帝国時代の人物の功績に言及することが多いですが、「取り戻す」「奪還」が中国も含めてキーワードになっています。しかしロシアや中国の言う「奪還」を、国際社会が許さない空気があります。

近藤　既存の国際秩序を変えようとしているのだから当然でしょう。

廣瀬　ただ「奪還」という行為が事実上是認されたケースが最近あったことにも注目したいと思います。二〇二〇年に南コーカサス地方のアゼルバイジャンとアルメニアが、ナゴルノ・カラバフをめぐって戦った、いわゆる「第二次ナゴルノ・カラバフ戦争」です。ナゴルノ・カラバフは国際法的にアゼルバイジャンの土地ですが、一九九四年に停戦が合意されたナゴルノ・カラバフ紛争で勝利したアルメニア系が、ナゴルノ・カラバフとその緩衝地帯、アゼルバイジャンの領土の約二〇パーセントに相当する領域をずっと占領していました。同地は未承認国家となっていたわけですが、そのかなりの部分をアゼルバイジャンが二〇二〇年の戦争で奪還したのです。

近藤　国際的には地味ですが、CNNやBBCを見ていると激しい戦争でしたよね。

廣瀬　そうです。アゼルバイジャンが取った行為は、明らかに力による現状変更ですが、そもそもの現状が国際法的に疑問が残るものだった。国際法的にはアゼルバイジャンの土地をアルメニアが不法占拠していたわけで、そこを奪還したことについて、国際的な批判はまったく出ませんでした。

つまり本来あってしかるべき土地の奪還には、国際社会は文句を言わない。ロシアはそのことを学んだのではないでしょうか。だから「奪還」という言葉を使う。

近藤　重ねて言いますが、習近平主席の論理も、まさに同様です。

中国から「核心的利益」を学んだロシア

廣瀬　しかも今、取り戻そうとしているのは、ロシアにとっても中国にとっても核心的利益です。核心的利益とは、自国の安全保障などの国家利益に欠かせないものという意味です。

近藤　二〇二二年六月一五日は、習主席の六九歳の誕生日でした。この日にプーチン大統領が祝福の電話をかけてきて、三九回目の会談となりました。その模様を新華社通信は「核心的利益の相互支持で一致した」と報じています。

中国にとっての核心的利益とは、台湾、香港、新疆《しんきょう》ウイグル、チベット、南シナ海、東シナ海などで、日本が実効支配している尖閣諸島も含まれます。

廣瀬　中ロがそれらを核心的利益として、強硬な態度を取ることが、国際法的に批判されているわけですが、中ロにとっては極めて重要な譲れない領域です。その点について、中ロはしっかり連携するようになりました。するようになった、というのは、最近まではお互いに、国際的には機微な問題である相互の核心的利益には極力触れないようにしてきたように見えるからなのです。しかし特にウクライナ侵攻後は、ロシアも明確に中国の核心的利益について触れるようになりましたし、もはや連携が確実になっていると思います。

近藤　まさに中ロで背中を合わせて、米欧と対峙しているイメージですね。

ただ中国の核心的利益は、時代によって変わっています。より正確に言うと、広がってきています。当初は、台湾についてしか言っていませんでした。それが今では、南シナ海や東シナ海まで含めるようになった。そのうち「第二列島線」と呼ぶ太平洋のグアムあたりまで言うようになるかもしれません（笑）。

廣瀬　ロシアはもともと「核心的利益」という言葉を使っていませんでした。それが最近になって、ウクライナについて「核心的利益」と言い出した。これは中国の真似ではないでしょうか。中国と歩調を合わせている。

本来ロシアは、もっと広い勢力圏構想を強調していました。中国にも勢力圏構想がありますが、今、世界で「勢力圏」という言葉を使っているのは、中国とロシアだけです。だから勢力圏構想のもとで動いているのも、中国とロシアだけ。そうした中、中国が「核心的利益」と言い出したことで、ロシアも言うようになったのではないでしょうか。

近藤　確かに最近のロシアを見ていて、これは中国を見習ったのかなと思うことが、ままあります。一例を挙げると、メディアの報道や個人の発言に対する規制です。「ロシアの中国化」が、急速に進んでいる気がします。

廣瀬　とくに新型コロナウイルスの感染症が広がりだした頃から、その傾向が強くなったと思います。ロシアは中国の画像認証システムを導入しました。人流を管理するため、すべての駅にも設置しています。

また中ロは、サイバー領域でも連携しています。二〇一五年にサイバーセキュリティ協定を結び、互いに絶対にサイバー攻撃しないことになっています。だからサイバー領域で中ロが対立することは、理論的にはない。

近藤　本当にロシアは中国をサイバー攻撃していないのですか？

廣瀬　していないはずです。でも中国は少しやっていると聞きます（笑）。

近藤　ロシアでは中国のように、スマホに「健康コード」をインストールして、感染経路を特定するといったこともしているのですか？

廣瀬　コロナ禍でロックダウンをしていた時には、まさにそれで統制を図っていました。中国から技術提供を受けたと聞いています。これで一気に権威主義度を高めた感じです。コロナが世界の権威主義を強化したという研究もありますよね。また国内の反政府的な動きに対するサイバー攻撃も行っています。そのやり方はハッキングで国内のいろいろな情報を抜くというもので、これも全部中国から教えてもらっているそうです。

近藤　中ロは5Gについても協定を結んでいますよね。

廣瀬　その通りです。ロシアは5Gに関して、ほぼ迷った形跡もなく中国のファーウェイの通信機器を選んでいます。その理由を二〇一九年にモスクワで専門家に尋ねると、そもそも法律で、周波数が決まっていて、それを主要な5Gの規格に照合させるとファーウェイにしか適合しなかったそうです。

5Gは各国で使用する周波数が違い、ヨーロッパとロシアでは規格が合わない。だから5Gへの移行が決まった時から、政府は中国製を使うことを決めていたのでしょう。それで自動的にファーウェイに決まった。
その背景にあるのは、中国との完全な信頼関係です。同じ専門家によれば、対抗馬として、フィンランドのノキアやスウェーデンのエリクソンもあったけれど、フィンランドやスウェーデンの場合、入手した情報がアメリカに渡る可能性がある。中国なら、その心配が不要というわけです。

近藤　そもそもファーウェイは、前述のように一九九六年に初の海外進出としてロシアに入って急成長した会社ですからね。一九八七年に任正非ＣＥＯが、仲間五人と深圳で創業。香港経由で仕入れた電話交換機を中国国内で売っていたが、国有企業でないため相手にされない。それで意を決して、ソ連が崩壊して混乱していた新生ロシアに向かったのです。

廣瀬　そうなんですね。ともあれロシアの情報を絶対にアメリカに売ったりしないというところがポイントです。

近藤　それは天地がひっくり返ってもありません（笑）。アメリカのファーウェイ叩きがピークに達した二〇一九年五月、深圳のファーウェイ本社に取材に行ったのですが、『アメリカの罠《わな》』（邦題は『ザ・アメリカン・トラップ』ビジネス教育出版社、二〇二〇年）というフランス最大のエネルギー企業「アルストム」の元幹部が告発した本の中国語版が、社内のあちこちで売られていました。任正非ＣＥＯとしては、アメリカに徹底的に叩かれた上、長女の孟晩舟《もうばんしゅう》ＣＦＯをアメリカの指示でカナダに拘束されて、忸怩《じくじ》たる思いだったでしょう。

廣瀬　だからロシアも、中国を信頼している。重ねて言いますが、ロシアにとって最大の敵はアングロサクソンですから、その点において中ロが協力関係に至るのは、自然な流れです。

近藤　ただウクライナ戦争については、中国も困惑しています。ロシアの最大の貿易相手国は中国ですが、ウクライナにとっても中国は最大の貿易相手国です。毎年二〇〇〇億円ぐらいウクライナのインフラをつくっていたのに、それがダメになってしまったのですからね。中国からヨーロッパに向かう巨大経済圏構想「一帯一路」も、一部が寸断されてしまいました。

七章

ウクライナ侵攻で中国、アメリカは何を決断したか

習近平には寝耳に水だったウクライナ侵攻

廣瀬　習近平政権になって、いよいよ蜜月関係を深めてきた中ロですが、二〇二二年二月にロシアがウクライナに侵攻します。長期化も予想されるウクライナ戦争がもたらす中ロ関係について、議論したいと思います。

近藤　ウクライナ侵攻が始まる二〇日前、二月四日夜の北京冬季オリンピック開会式に、プーチン大統領が出席しました。この日、習近平主席は大変上機嫌で、「約束を守ってくれて嬉しい」と感謝しました。それは、二〇一四年のソチ冬季オリンピック開会式に出席した際、北京で行う時はプーチン大統領が出席するという「男の約束」を交わしていたからです。

廣瀬　この時の北京会談は、いまから思うと、絶妙のタイミングでしたね。プーチン大統領からすると、ウクライナ侵攻を始めれば米欧から強烈な経済制裁を喰らうのは必至なので、中国を味方に取り込んでおかなくてはならない。原油と天然ガスの輸出拡大など、中国と新たな一五項目の合意を取りつけました。

近藤　その通りです。この時は、両首脳の三八回目の会談でしたが、習主席は「平和の祭典であるオリンピックの開催中は、世界は平和であるべきだ」と婉曲《えんきょく》的な言い回しで、開催中のウクライナ侵攻を諌《いさ》めました。プーチン大統領も「中国はわが国にとって最も重要なパートナーである」と、やはり婉曲的に答えたそうです。

廣瀬　プーチンもオリンピックを妨害してはならないと肝に銘じていたと思います。二〇一四年のソチオリンピックは、プーチン大統領の肝入りで誘致したにもかかわらず、隣国・ウクライナでユーロマイダン革命が起きたことで、妨害された気持ちになっていたと思いますし、クリミア併合もまさにオリンピックとパラリンピックの端境《はざかい》期に成し遂げてしまったという事実があります。

実際プーチン大統領は、北京オリンピック閉会式の二月二〇日まで、じっと待った。そして翌二一日から動きました。まず、ドネツク人民共和国とルガンスク人民共和国の独立を承認する大統領令に署名した。そして二四日から、ウクライナへの侵攻を始めるのです。

近藤　これに驚いた習主席は翌二五日、プーチン大統領に緊急電話をかけています。「三月四日からパラリンピックが始まるのに、どうしてくれるんだ⁉」というわけです。

普通は三週間前にじっくり会談したトップ同士が、いきなり電話で話すことはありません。それでも電話したのは、習主席が焦っていたからです。そしておそらくプーチン大統領は、「三月四日までには終わらせるから大丈夫」と答えた。

廣瀬　それは確かでしょう。繰り返しになりますが、実際二〇一四年のクリミア併合は、そのようなスケジュールで行われました。ソチオリンピックが終わると同時に開始し、パラリンピックが始まるまでに終わらせています。「クリミアを思い出してくれ。三日で落とす」という説明をしたのではないでしょうか。

もう一つ私が聞いたのは、プーチンは「侵攻はするが、東部二州だけ」というニュアンスで説明していたらしいということです。習主席も、それなら三日で終わると納得したけれど、実際は三方からいきなり攻めた。中国からすれば寝耳に水といった感じでしょう。

近藤　前述のように、二〇〇八年の夏季北京オリンピックの時も、開会式当日にロシアがジョージアに侵攻し、中国の五輪外交は台無しになった。習主席は当時、国家副主席としてオリンピックを担当していたから、トラウマがあったんですね。

廣瀬　結局、「三日で終わる」はずのウクライナ侵攻は、周知のように泥沼化していきました。

ロシアのウクライナ侵攻については、アメリカの諜報機関ですら東部二州だけと思っていたとも聞いています。これはウクライナの情報筋から聞いた話で、かなり確証が高いように思えます。欧米、特に英米はロシアを牽制するため、ウクライナ侵攻に先んじて、入手した機密情報を次々に発表していました。おそらく真実のロシアの行動パターンを知っていた人は皆無ですが、英米が事前に流していた情報は、かなり精度が高いものであったのも事実でした。

北京オリンピックの開会式で爆睡していたプーチン

近藤　じつは二月四日の開会式の日は、中国からするとプーチン大統領に関して、二つ「想定外」なことが起こりました。一つはプーチン大統領の大遅刻です。開会式は北京時間の夜八時からで、当初の予定は昼の一二時前に北京空港に降り立ち、そのまま釣魚台国賓館に行って歓迎の午餐会。それから首脳会談を行い、夜に「鳥の巣」と呼ばれるオリンピックスタジアムに行くというものでした。

ところがプーチン大統領が遅刻して、北京空港に着いた時には午後二時を過ぎていた。そこで午餐会を取りやめ、いきなり午後三時過ぎから釣魚台国賓館で首脳会談を行ったのです。代わりに夕刻に軽いレセプションを開いてから、二人で連れ立って「鳥の巣」に向かいました。

それまで三七回の会談で、プーチン大統領は一度も遅刻していません。いかにウクライナ問題に忙殺されていたかが推察できます。

廣瀬　プーチン大統領の遅刻癖は有名です。二〇一六年一二月に安倍首相が故郷の山口に招待した際には、二時間四〇分も遅刻しました。

近藤　そうでしたね。暇を持て余して、父・晋太郎元外相の墓参に行きました。

二月四日に中国がもう一つ驚いたのは、二時間二〇分の開会式の間、プーチン大統領は「鳥の巣」の貴賓席で、ずっと爆睡《ばくすい》していたそうです。私はＣＣＴＶ（中国中央広播電視総台）のインターネット生放送で開会式を観ていましたが、ロシア選手団が入場行進をしている時、なぜかプーチン大統領が映らない。

ロシアがドーピング問題で出場停止になり、選手はＲＯＣ（ロシアオリンピック委員会）の一員として参加していたため、国家元首を映さないのだろうと思っていました。ところが後に、爆睡していて映せなかったと知ったのです。

廣瀬　あの頃から驚くほどの頻度で、トルコのエルドアン大統領やベラルーシのルカシェンコ大統領らと会っていました。ウクライナ侵攻に向けての軍事会議なども多かったはずですから、相当疲れていたのでしょうね。

ウクライナ侵攻で危うくなった習主席の三選

近藤　実際に二月二四日にウクライナ侵攻が始まると、中国国内でもロシアによる強引な戦争に異を唱える人々が出てきます。例えば三月上旬に、江沢民元主席の母校である上海交通大学の胡偉《こい》特任教授が、「中国はいまこそ米欧の側に付くチャンスであって、一刻も早くプーチンを見捨てるべきだ」という主旨の論文を発表。大反響を巻き起こしました。

五月に入ると、テレビのロシア問題解説でおなじみの高玉生《こうぎょくせい》元駐ウクライナ大使も、「これでプーチンの時代も、ロシア帝国の時代も終わった」と、中国社会科学院のシンポジウムで発言した。この発言録も中国国内で大いに話題になりました。

廣瀬　そうした習近平政権の方針に異を唱えるような発言は、削除されないんですか？

近藤　発言どころか、人間も「削除」されました。私の友人に胡教授と親しい人がいるのですが、胡教授とは音信不通になったそうです。五月には、「退職した幹部も現政権の意向に従うこと」という異例の「お触れ」が出ました。

廣瀬　ロシアは毒殺しますが、中国は存在が消えるんですね。

近藤　命までは奪わないけれども、社会的に抹殺するんですね。それまで九年間、「プーチンべったり外交」に終始してきた習近平政権としては、ロシアに味方したい半面、露骨に肩入れすると、ロシアと同様に米欧から制裁を喰らう。

しかも間の悪いことに、二〇二二年は五年に一度の共産党大会の年でした。二期一〇年が終わる習近平総書記は、本来なら引退ですが、三期目をめざしていた。それがロシアのウクライナ侵攻によって、政局化したのです。すなわち、長老（引退した幹部）たちを中心に、習近平外交に対する疑義が出されました。長老たちの現役時代（江沢民時代と胡錦濤時代）は、親米欧路線によって飛躍的な経済成長を果たした。それなのに、いまは米欧とは「戦狼外交」で、「悪のプーチン」とばかり親密で、中国外交を誤らせたというわけです。

廣瀬　「ゼロコロナ政策」による経済失速も、問題になっていましたよね。

近藤　その通りです。なにしろ感染者が数人出ただけで、一〇〇〇万都市をロックダウンするような極端さです。今のオミクロン株では、重症化率は低いのに。

廣瀬　愚かですよね。

近藤　ゼロコロナ政策により、二〇二二年の第二四半期の経済成長率は〇・四パーセントまで落ちました。三月下旬から二カ月以上ロックダウンを続けた最大の経済都市・上海に至っては、マイナス一三・七パーセントです。

廣瀬　ロシアも同様ですが、強権国家が成り立っているのは、経済成長を保証しているからです。

近藤　その通りです。中国でも、ウクライナ問題と経済失速が政局化し、長老たちがじわじわと「習近平包囲網」を敷き始めたのです。

ロシアとともにＮＡＴＯの仮想敵国となった中国

廣瀬　ただ中国は六月末から、急速にロシアに寄ってきた気がします。きっかけは六月二九日に出された新しいＮＡＴＯの戦略概念です。二週間前の六月一五日からサンクトペテルブルクで始まった国際経済フォーラムでは、欧米企業が欠席する一方、習主席はビデオ演説を行いました。ここで距離がかなり近づいています。

近藤　結局、習近平主席は、一〇年近く国家主席として外交をやってきて、プーチン大統領以外に分かりあえる相手がいないんです。それで放っておくと、まるで磁石に吸い寄せられるように、プーチン大統領の方へ寄っていく。ご指摘のビデオ演説で強調したのも、「核心的利益の相互支持」でした。

廣瀬　新しいＮＡＴＯ戦略概念では、仮想敵国として、ロシアに加えて中国にも言及しました。これまでもNATOが中国に触れたことは多々ありましたが、戦略概念の中で、中国に触れたのは今回が初めてでした。それにより、NATOの仮想敵国はロシアというイメージだったのが、今回の変更により、中国が敵国だという認識を、かなり明確に表に押し出したと言えると思います。そして、中国もNATOを完全に敵対視するようになったと言えるでしょう。中国としては、もはやロシアと結託してNATOと対峙するしかない。

近藤　私が勝手に命名したものですが、「NATOアジア化の罠《わな》」という現象がありま す。それは、「戦狼外交」を続ける習近平政権に対して、アメリカがNATOをアジアに引っ張ってきて中国包囲網を敷こうとすればするほど、逆に中国国内で習主席の権力基盤がパワフルになるというものです。つまり、米欧との協調派である長老や李克強首相グループの立場が弱くなるわけです。

廣瀬　なるほど。それでも米バイデン政権は、習近平政権との対決姿勢を強めていますね。

バイデン大統領は五月に日本を訪れた際にも、「台湾有事が起こったら軍事的に関与する」という主旨の発言をしています。またこの時、経済的な中国包囲網を目指すIPEF（インド太平洋経済枠組み）も、一三カ国で立ち上げました。

近藤　こうしたアメリカを中心とした動きに対し、習近平政権は「アジアにロシアを引き込む戦術」で対抗しようとしています。もっと端的に言うと、中国人民解放軍とロシア軍とが、中国近海で連携を強化していくということです。これは日本も他人事ではありません。

廣瀬　実際、日本もロシアへの制裁に加わったため、ロシアの対日対応も非常に厳しくなってきています。NATOの戦略概念が出た翌三〇日、プーチン大統領は液化天然ガス・石油の開発事業である「サハリン2」の運営を、新たに設立するロシア企業に譲渡する大統領令に署名しました。「サハリン2」には三菱商事と三井物産が出資していますから、明らかに日本への対抗措置だと思われます。

近藤　日本はNATOのメンバーではないのに、「準NATOメンバー」の扱いということですね。

廣瀬　そうです。ロシアとしては日本を切り捨てても、中国やインドの企業に売ればいいから困らない。それでエネルギーを武器として日本に脅しをかけたわけです。新会社の社名は、以前は「サハリンエナジー」と英語でしたが、それを「サハリンスカヤエネルギヤ」とロシア語にしただけです（笑）。

危ぶまれる日本の北方領土への経済支援

近藤　私は日本とロシアの間のレッドライン（越えてはならない一線）は、北方領土に手を付けることだと思っています。北方領土を中国企業に開発させるようになれば、日ロ関係は完全に破綻します。

廣瀬　誘致は、もう何年も前から始まっています。中国と韓国の企業が、ずいぶん見学に来ていると聞いています。

近藤　中国は北方領土に行きたくて仕方ない。とくに国後島《くなしり》の特産品であるナマコが欲しいのです。ナマコは中国料理の高級食材で、国後島の近海では最高級のナマコが獲れます。一九一二年に滅んだ清朝時代までは、ウラジオストクを「ナマコの丘」（海参崴《ハイシェンウェイ》）と呼んでいたほどです。

そこに中国企業が進出してナマコの養殖を始めれば、中国人は大喜びです。ただ今までは、ロシアが許さなかった。

廣瀬　そこには日本との関係を保ちたいというロシアの思惑があったと思います。やはり金づるですから。安倍政権がロシアに行った経済協力は三〇〇〇億円規模に上っています。

「八項目の経済協力プラン」や「北方領土の経済支援」など極めて経済に特化していた。悪く言うと、北方領土をお金で買い戻す感覚です。それはロシアも敏感に感じ取っていて、いろいろなロシアの有識者と議論しましたが、日本の「金づる外交」はとても評判が悪かった。

近藤　北朝鮮ではないけれど、プライドが高いということですか？

廣瀬　彼らの主張をそのまま言うと、「ロシアは支援されるような対象ではない。我々は大国である」ということです。そもそもお金で解決しようという態度が失礼だという話も聞きました。加えて日本の経済協力は、全部規模が小さいという不満も散々聞かされました。

近藤　貿易の規模で言うと、中ロ貿易は日ロ貿易の一〇倍ですからね。

廣瀬　そうなんです。まさに、「中国を見ろ」と。例えば、日本が北海道―サハリン間に橋を架ける。あるいは、新しい高速のシベリア鉄道を敷く……くらいのビッグプロジェクトに着手せよ、というのですよね。逆に言えば、日本がそれぐらい大規模なインフラ整備を行うのでなければ、魅力を感じないというのです。

近藤　わかる気がします。そもそも安倍首相は盛んに日ロ貿易拡大に向けた旗を振りましたが、旗振れど踊らずで、日本企業は消極的でした。例えば、進出を促されたあるスーパーマーケットの経営者に聞いたら、「あんな広大な極東に六三〇万人しか人口がなくて、スーパーのチェーン店なんか展開できません」と呆れていました。

廣瀬 北極圏に近い、ヤマル半島の天然ガス開発の問題も色々と聞いています。日本が無理して行ったプロジェクトがロシアに評価されず、むしろ日本が軽く見られるというのは残念なことです。

近藤 ますます熱を帯びる中ロ貿易と、冷めきっている日ロ貿易は、対照的ですね。

廣瀬 ロシアの学者から、日中のロシアへの投資額の違いをデータで見せられて「こんなに違う」と言われることもあります。もともと私は経済協力で日ロ関係の改善を期待する方策を支持していないので、なおさら徒労感があります。

近藤 北京駐在中にロシア人たちとも付き合いましたが、「雅宝路《ヤーバオルー》」というロシア人街には、一〇〇軒近いロシア商店やロシア料理店などが軒を連ねていました。どのレストランに行っても、一〇〇種類くらいのウォッカが置いてあって、ウォッカというのはロシア人によって好みが違うんですね。東京のさびれたロシア料理店とは、別世界でした（笑）。

八章 中ロの共闘はどこまで深化するか

ペロシ訪台を三選に利用した習近平

近藤　前章で見たようにウクライナ戦争の長期化を受けて、これまで「プーチンべったり外交」に終始してきた習近平主席は、国内の立場が悪くなっていきました。

廣瀬　二〇二二年秋に開かれた共産党大会で、本来引退しなければならない習近平総書記が、プーチン大統領のように「半永久体制」を狙っていたわけですよね。

近藤　そうなんです。それに対して長老たち、正確に言うと江沢民グループと胡錦涛グループは、異を唱えていた。自分たちと同様、「二期一〇年」でおやめなさいというわけですね。特に、悪評紛々の「ゼロコロナ政策」に加えて、これまでの「プーチンべったり外交」が裏目に出た。このままでは経済も外交もおかしくなると、長老たちが「習近平降ろし」ののろしを上げたのです。これに、現役の李克強首相ら市場経済重視派も、内心では乗っかる雰囲気だった。

廣瀬　中国は習近平時代の前は、奇跡的な高度経済成長を遂げていましたし、経済関係が緊密な分、むしろロシアよりも欧米と協調してきたイメージでした。

近藤　仰る通りです。そんな中、八月前半の「北戴河《ほくたいが》会議」を迎えました。

北戴河は北京から三〇〇キロ東にある河北省の海岸沿いの保養地で、北戴河会議には毎年、中国共産党の現役幹部や長老たちが集まります。習近平主席は、北戴河会議に行きたくなくて仕方なかった。

廣瀬　行ったら「辞めろコール」になるわけですものね。

近藤　そうです。しかし行かないと、秋に第二〇回共産党大会を開くのに困難をきたす。私は、「現代版・鴻門《こうもん》の会」と呼んでいました。

「鴻門の会」とは『史記』に出てくる、紀元前二〇六年にあった項羽と劉邦の話で、中国史上最も有名な宴会です。当時、項羽率いる楚と劉邦率いる漢が、秦王朝を倒そうとしていましたが、弱小の漢の方が先に関中（秦の首都地域）に入ってしまった。それに激怒した項羽が、劉邦を鴻門で開く宴会に呼びつけたのです。行けば殺される確率が高いし、行かなければ漢が滅ぼされてしまう。結局、劉邦は仕方なく行って、途中で逃げて九死に一生を得ました。

廣瀬　確かに、習主席にとっての「鴻門の会」ですね。

近藤　そうなんです。ところがそこへ、「ペロシ台風」という「神風」が吹くのです。八月二日、ナンシー・ペロシ米下院議長が、台湾を訪問します。そして翌三日、蔡英文総統と会談し、両者が「中国から台湾の自由と民主を守る」と宣言した。

習主席はこれを巧みに利用し、翌五日から過去に前例のない大規模軍事演習を挙行します。そして「いまは台湾有事であり、司令部がなく防空施設も乏しい北戴河のビーチへ行っている場合ではない」として、北戴河行きをキャンセルしようとしたのです。

廣瀬　それで、長老たちは許してくれたんですか？

近藤　いや、「早く演習を終えて北戴河へ来るように」と、矢のように催促した。そこで習主席は、一〇日に軍事演習を終了させて、しぶしぶ行きました。そして「総書記を辞めろ」「辞めない」の平行線。結局、一六日から現役指導者たちはめいめいの予定が入っていたので、そのまま「お開き」になりました。

廣瀬　「お開き」とはどういうことですか？

近藤　習近平総書記は、「もう長老たちには説明を尽くした」として、「一〇月一六日から第二〇回共産党大会を開催する」と発表し、勝手に進めていったのです。

廣瀬　中国の権力闘争というのは、使えるものは何でも利用するんですね。

近藤　その通りです。前述のように、じつは似たようなことが、その一〇年前にもありました。江沢民グループと胡錦濤グループが北戴河会議で大揉めになり、秋には党大会を開かなければならないのに、最終人事が決まらなかったのです。

そうした中、九月一一日に野田佳彦民主党政権が尖閣諸島を国有化しました。それで江沢民グループが、「胡錦濤・親日政権のせいだ」として攻勢をかけ、一気に人事を押し切ってしまった。そうやって第一八回共産党大会で誕生したのが、習近平体制でした。

ペロシ訪台で進む中ロの共闘

廣瀬　ペロシ氏の訪台は、ロシアにとって別の意味でも嬉しい展開です。世界の注目は、ウクライナ戦争一色だったのに、アジアに目が向くようになったからです。しかもロシアと中国との結束を強くした。中ロ両国の結束は、六月末のＮＡＴＯの「戦略概念」でかなり強まりましたが、ペロシ訪台でさらに強まりました。

近藤　このあたりは矛盾点ですよね。ペロシ下院議長は中国にプレッシャーをかけるために訪台したのに、それによって中国国内では対外強硬派の習近平主席のパワーが強まり、外交的には同じ強権国家のロシアとの結束を強めていく。

廣瀬　そうです。ウクライナ戦争に対する中国の支持が、より高まったとロシアは見ていますし、一方でロシアも「一つの中国を尊重する」とあらためて言っています。ロシアの大統領補佐官や外務省報道官も、ペロシ氏の行動を「挑発的」「ロシアに圧力をかけようとしている」などと強く非難しています。

また今回の中国サイドの動きとして、台湾に対する軍事的挑発と並行して、フェイクニュースを流すといったプロパガンダ戦も行っています。これにもロシアは協力していて、中国は国内向け、ロシアは反米的な国向けと使い分けているように思います。

近藤　それは新しい動きですね。

廣瀬　中東やアフリカには、反米的な国もかなりあります。そうした国々に例えば、「ペロシは地球を埃《ほこり》に変えるつもりだ」などと、核兵器の使用を示唆するようなメッセージを発信していました。

軍事作戦は共闘しないけれど、プロパガンダ戦で中国と共闘しているように見えます。「事を荒立てているのはアメリカ」といった感情的な共有を強めようとしているのです。

近藤　ペロシ氏が訪台した時、中国のプロパガンダ戦を目の当たりにしました。台湾のテレビの生中継をインターネットで見ていたのですが、ペロシ氏を乗せた飛行機が台北松山空港に降り立つまでは、コメント欄に「ペロシ万歳」「熱烈歓迎」といったメッセージが画面右横に多数流れていました。

ところが現地時間の夜一〇時四五分頃、飛行機が着陸したとたんに、コメント欄が「中国統一」「ペロシを暗殺せよ」などというものに切り替わったのです。「五星紅旗」（中国国旗）も現れました。

廣瀬　ネット空間が中国に乗っ取られたわけですね。

近藤　そうです。過去にも、「双十節」（一〇月一〇日の中華民国＝台湾の建国記念日）の蔡英文総統のスピーチの時などに見られた現象です。

廣瀬　その後の中ロは、外交的にも息がピッタリでした。八月に行われたＡＳＥＡＮの会議で日本の林芳正外相の演説が始まると、ロシアのセルゲイ・ラブロフ外相と中国の王毅国務委員兼外相が、同時に退席したのです。

しかもこの時、王毅外相は林外相との会談を、予定の二時間前にドタキャンしています。

王毅・ラブロフ会談が多い理由

近藤　あの時は、王毅国務委員兼外相も、自分の首がかかっていたのです。二〇二二年一〇月の第二〇回共産党大会は、党の肩書としては中央委員（トップ約二〇〇人）である王氏にとって、昇進するか引退するかの瀬戸際でした。上には楊潔篪《ようけつち》党中央政治局委員（トップ二五人）がいましたが、楊氏は七二歳で引退がほぼ確定していました。

王氏が日本との外相会談をドタキャンしたり、ラブロフ外相と親密そうに会談するのも、ボスである習近平主席にアピールしているのです。習主席に直接報告し、笑顔がこぼれる姿が見たいわけです。私は王毅氏との初対面は一九九五年ですが、当時から現在に至るまで、「上司に忠誠を尽くして出世に励む」という態度は一貫しています。

廣瀬　結局、共産党大会で昇進しましたよね。

近藤　はい。楊氏は引退し、王氏は党中央政治局委員になりました。過去には六八歳を迎えると政界引退だったので、六九歳の王氏は異例の抜擢です。

私は、二〇二三年三月に開かれる全国人民代表大会で、王氏が副首相に抜擢されるのではと見ています。過去には、江沢民時代の銭其琛《せんきしん》氏が、外相から副首相になりました。銭氏は上海人で、江沢民主席とは上海語で話していました。

廣瀬　中国では同郷の誼《よしみ》が強いんですね。

近藤　故郷が違えば話す言葉も食事の好みも違うので、非常に強いです。例えば、外交トップだった楊潔篪氏は上海人で、ナンバー2だった王毅氏は北京人ですが、二人のボスの習近平主席は北京人。そのため部下である王氏の方が上司である楊氏よりも、習主席と親密な関係にありました。

廣瀬　ロシアでも、サンクトペテルブルク出身のプーチン大統領が同郷出身のオリガルヒと一蓮托生の関係になっていたり、側近にもサンクトペテルブルク出身者が多いという傾向が見られますが、そこまで郷土色は強くありません。

メドベージェフは豹変した

近藤　ただ、トップが変わればすべてが変わるという点では、中国やロシアのような強権国家では共通していますね。

廣瀬　そうです。ロシアもプーチン大統領がいなくなれば変わります。ドミートリー・メドベージェフ前首相（前大統領）は、かつて、親欧米派と言われていました。しかしこれだけ対欧米関係が厳しくなると、「親欧米」の態度は取れません。今回のウクライナ戦争では、次々と過激な発言をしています。

噂ではユダヤ系の夫人が、大統領に復帰することを強く望んでいて、大統領復帰を目論みつつのラディカル方向への転換だったそうです。今回の戦争ではプーチン周辺の「戦争党」と呼ばれる派閥がかなり強硬で、プーチン大統領にもより過激な方策をとるよう詰め寄っていると聞きますが、メドベージェフはその戦争党創設のきっかけを作った中心人物だと聞きます。

近藤　たしかにメドベージェフ氏は、少し太って目つきが恐くなりましたね。中国とロシアは、トップである習近平主席とプーチン大統領が対米強硬派で、ナンバー2の李克強首相とメドベージェフ首相が穏健派というイメージだったけれども、メドベージェフ氏は豹変してしまった。

廣瀬　李克強首相が対米強硬派に豹変するということはないのですか？

近藤　ありません。その代わり、「沈黙」しています。いまの中国政界では、「沈黙」は習近平主席への「反抗」を意味します。

これは以前、李首相の部下の人から聞いた話ですが、李首相は「何事も克服して強くなる」という意味の「克強」という名前を、非常に気に入っているそうです。だから「嫌な上司」にも一〇年間耐えてきた（笑）。

廣瀬　ちなみにメドベーチェフは「熊」という意味です。「メド」に相当する「ミョッド」は蜂蜜のことで、メドベージェフは直訳すると「蜂蜜を食らう者」ということになります。わりと多い名字です。

近藤　ロシア人の名前には、すべて由来があるのですか。

廣瀬　多いですが、全部ではありません。ロシアらしい名前でも、もともと非ロシア系の苗字に「エフ」や「オフ」を付けることも、けっこう多かったです。逆にソ連解体後に、苗字から「エフ」「オフ」を外す傾向も強まりました。例えば、タジキスタンのラフモン大統領は、かつてはラフモノフという苗字だったんですよ。

近藤　ウクライナ人の名字に特徴はありますか？

廣瀬　「エンコ」の付くものが多いですね。キリエンコとか。もちろん、それら以外の苗字もいろいろありますが。その意味ではゼレンスキー大統領は、完全にロシア的な名前です。噂で聞いた話ですが、プーチン大統領の次女が現在付き合っているミュージシャンも、名字はゼレンスキーだそうですよ。

近藤　ロシア的な名前の大統領が、ロシアと戦争しているのだから、分からないものですね。

独裁者の最期

近藤　二〇二二年一〇月の第二〇回共産党大会を経て、異例の三期目に突入した習近平総書記は、二〇二三年もプーチン大統領との関係を、ある程度重視すると思います。共産党大会で、常務委員も中央政治局委員も、すべてイエスマンで固めました。少しでも異議を唱えそうな幹部は「退場」させました。共産党大会最終日の「胡錦濤前総書記退席事件」は象徴的で、そのことを世界に示しました。

廣瀬　ロシアでは、反プーチンの象徴的存在だったナワリヌイ氏が毒殺されかけたことが国際的に注目されましたが、実は、それは氷山の一角で、反体制派の人々への毒殺や暗殺が横行しています。中国ではそういうやり方はしないのですか？

近藤　中国の場合、「腐敗分子」の汚名を着せて入獄させるのが一般的です。「執行猶予付き死刑」という判決もあります。ところが二〇二二年の共産党大会前には、「地方幹部の突然死」が横行しました。午前中に元気いっぱいだった人が、午後になると執務室で死んでいたりするのです。真相は不明です。

廣瀬　ロシア的ですね。最近ロシアでは、オリガルヒつまり新興財閥が個人で、または家族もろとも死ぬ不気味なケースが増えています。

近藤　プーチン大統領は、もう絶対に辞められませんね。辞めたら、韓国の元大統領みたいになるでしょう。

廣瀬　ヒトラーのように逃げまくるしかないのでは？

近藤　ヒトラーも最期、ベルリンの地下壕の中で自殺したではないですか。ムッソリーニも捕らえられて、群衆の前で晒《さら》し首にされた。普通に寿命を全うしたのは、スターリンと毛沢東くらいですね。

廣瀬　五三歳で死んだレーニンは、毒殺説があります。スターリンがやったという説もあります。両者は国家の運営方針を巡って意見が合わず、スターリンはレーニンに怯《おび》えていました。レーニンが死んで誰が一番得をしたかというと、結局はスターリンですから、可能性としては否定できない……。

近藤　スターリンはジョージア出身で、学歴もなかったので、周囲から蔑《さげす》まれていたでしょうね。湖南省の片田舎出身で、学歴がなかった毛沢東と同じです。

廣瀬　レーニンは、かなりのインテリでした。スターリンとの権力闘争に敗れてメキシコに亡命し、その後暗殺されたトロツキーもインテリでした。学歴のないスターリンとしては、インテリの同志への想いは、嫉妬や脅威が入り混じるようなものであったのだと思います。

近藤　私は習近平主席・総書記も、辞められないと思います。過去一〇年近くで、四六四万八〇〇〇件も腐敗などで摘発したと発表しています。つまりそれだけ多くの幹部らに、怨みを買っているわけです。

欧米でも中ロでもない「グレーゾーン」の国々

廣瀬　中ロ関係が緊密なのは間違いないですが、一方で同盟までいくかとなると疑問です。今のプーチン大統領と習主席の関係を見ると、ウクライナ戦争に中国が参戦するとは想像できません。

近藤　そもそも中国は、二〇一四年のロシアによるクリミア半島併合も、いまだに承認していません。先の共産党大会のスピーチでも、習近平総書記は「平和外交」「人類運命共同体」を強調していました。その後に続いたインドネシアG20やタイAPECでも同様でした。これらは「中国はロシアとは違う」と内外にアピールしたとも受け取れます。要はあまりにロシアに傾き過ぎて、米欧から経済制裁を喰らうのを避けたいのだと思います。

廣瀬　逆に、近未来に台湾有事が起こったとして、それにロシアが参戦することも、まずないと思います。

近藤　中国としては、台湾有事の際に、ロシアが援軍として加わってくれたら鬼に金棒だけれども、それはないということですね。加わる素振りを見せてくれるだけでありがたいでしょうが。

廣瀬　確かにウクライナ情勢の緊張感もある中、中ロが共同で行動する機会は増えています。二〇二二年五月にはQUAD《クアッド》（日米豪印四か国による安全保障のための国際的枠組み）開催に合わせて、中ロの爆撃機が日本周辺を共同飛行しました。九月にも、中ロの艦艇が日本海沿岸で合同演習をしました。

また二〇一八年九月には「ボストーク」と呼ばれるロシア極東軍の大規模軍事演習に中

国とモンゴルが招かれています。ボストークはロシア語で「東」を意味し、ボストークにおける従来の仮想敵国は中国です。それにもかかわらず中国とモンゴルを招いたことで、「いよいよ中国は仮想敵国ではなくなった」と話題になりました。ただ、この際、陸上訓練の一部は仮想敵国を中国とした上で、ロシア軍のみで行われたとも聞いています。

近藤　ボストークは二〇二二年九月にも行われ、中国が再び参加しましたね。CCTVのニュースで観ました。

廣瀬　そうです。一三カ国が参加しました。ただし二〇二二年の演習は、一八年には三〇万人が参加したのに対し、五万人の参加となり、規模はかなり小さいものでした。しかし、インドも参加したことでQUADに楔《くさび》を打ち込むことができたという評価や、ボストーク演習では初の北方領土での軍事演習が行われるなど、新しいファクターも少なくなかった演習でした。

これらのことを総合的に考えると、今後中ロの合同演習は増えるかもしれませんが、同盟までは行かないでしょう。のらりくらりしながら関係は緊密化していくといった形が続くように思います。とくに「反欧米」という軸で深化していく。

近藤　たしかに前の章でも議論したように、「アメリカへの対抗」が、中国とロシアを結びつけるキーワードだと思います。

中国外交部（外務省）でも、江沢民時代と胡錦濤時代は、英語を専門とするアメリカンスクールが主流でしたが、習近平時代になって、ロシア語を専門とするロシアンスクールが台頭してきました。これは毛沢東時代以来のことです。

廣瀬　欧米・中ロと二極分化することは決定的です。ただしこれは世界が二極化するのでなく、「グレーゾーン」「グローバル・サウス」のような第三極もかなり存在感を増してくると思います。のらりくらりしながら最大の利益を得ようとする国々や、国際的に孤立はしたくないものの、ロシアとの関係も維持したいような国なども少なくないのです。

近藤　世界最大の「グレーゾーン国家」はインドでしょう。私は二〇五〇年のユーラシア大陸は、ロシアもEUも没落して、中国とインドが角逐する世界が出現している気がします。インドの人口は、早ければ二〇二三年にも、中国を抜いて世界一になります。

二〇二二年一〇月には、ついにインド系のリシ・スナク氏が、かつての宗主国であるイギリスの首相の座に就きました。その時のインドのテレビニュースを観ましたが、アナウンサーが「ついにこの日を迎えました」と興奮していました。

廣瀬　インドは、中国と並ぶロシアへの経済制裁に対する最大の抜け道になっています。ウクライナ侵攻以降、両国ともロシアからのエネルギー購買量が急増しています。

近藤　一方でインドは、日米豪印によるQUADのメンバーでもありますね。こちらに向けては、「世界最大の民主主義国」という顔を見せている。

廣瀬　中ロにつくか欧米につくか、日和見的な気がします。さらに言えばＢＲＩＣＳ（新興五カ国）にもＳＣＯ（上海協力機構）にも入っている。

近藤　二〇二二年六月にドイツで行われたＧ７にも、モディ首相の姿があった（笑）。これだけ堂々と「八方美人外交」を展開していけるのだから、大したものです。

廣瀬　さまざまな国際組織に属し、一番いいところを取ろうとしている。ほかにアフリカ、中東、南アメリカ、東南アジアなどの国々も、やはりのらりくらりした感じです。そういう国々が、国連のロシアをめぐる制裁決議で棄権や反対をするのです。

ロシアに対する非難決議は、一一月半ばまでに五回ありました。基本的にはロシアへの批判票が圧倒的なのですが、棄権・不参加も常に少なくはないのです。さらに、特に三回目は二〇二二年四月八日に国連の人権理事会でロシアの理事国資格停止を求めたものですが、ここでは反対が増えていることに注目すべきです。賛成が欧米を中心に九三カ国だったのに対し、反対も二四カ国ありました。ロシアを人権委員会から排除するかどうかは、価値観の問題です。欧米の価値観を押しつけられることに反対する国が結構ある。つまり人権問題で欧米に指図されたくない国が多いのです。

近藤　英エコノミスト誌系の研究所が発表している「民主主義指数」によると、二〇二一年現在で、「完全な民主主義国」は世界に二一ヵ国しかなく、そこに住むのは世界の総人口の六・四パーセントにすぎません。逆に「独裁国家」は五九ヵ国もあり、世界の三七・一パーセントが住んでいます。かつ「独裁国家」の数が増えつつあるというのだから、中国やロシアが大手を振るうわけです。

「強権国家が人類を幸せにするか」という二一世紀の実験

廣瀬　そのため二極分化して民主主義国が勝つというのは幻想で、厳密に言うと「三極」になる。その第三極が自分たちの最適解を求め、のらりくらり動く。そうなると世界の構図は、より不安定、不明確なものになっていくと思います。状況に応じて、あっちについたりこっちについたりするのですから。

そう考えると近年日本が行ってきた「価値観外交」は、どれだけ意味を持つのか、という気持ちにもなります。価値観を強制されたくない国が多いのですから。

近藤　「価値観外交」の原点は、第一次安倍晋三政権の二〇〇六年末に、当時の麻生太郎外相が発表した「自由と繁栄の弧」です。日本から東南アジア、インドを経てヨーロッパに至る海路の民主主義国が結集し、中国包囲網を築くという壮大な構想でしたが、何せ安倍政権の方がわずか一年で倒れてしまった（笑）。
それで第二次安倍政権になって、「地球儀を俯瞰《ふかん》する外交」とか「価値観外交」「自由で開かれたインド太平洋構想」などと言い始めた。そこにアメリカが乗っかって、岸田文雄政権もその延長線上で外交を行っています。

廣瀬　ＦＯＩＰ（自由で開かれたインド太平洋）構想ですね。しかし価値観のようなきれいごとだけではダメで、もっと実質的なメリットが必要です。

近藤　二〇一三年に発足した習近平政権は、「一帯一路」（ワンベルト・ワンロード）という広域経済圏構想を打ち出し、二〇二二年五月に、賛同国が一五〇ヵ国に達したと発表しました。これなんかはインフラ整備を中心とした利益誘導型ですね。「価値観」など問わず、独裁国家に対しても「内政不干渉」を謳《うた》っています。

廣瀬　技術支援もただの資金援助ならば、「ならず者化」が進む気がします。自活度や自立性を高める形の支援や、日本のソフトパワーを駆使した外交で日本のほうに引きつける。「良いお友だち」を増やしていくことが大事です。

近藤　価値観ということで言えば、一九世紀における人類最大の実験は、民主主義だったと思います。どんな人も一人一票を持って国の代表を決めるという民主主義が、人類を幸福にするかを見極める実験です。それが二〇世紀は社会主義の実験を行った。一九二二年のソビエト社会主義共和国連邦の成立をもって人類が始めた社会主義国家が、人類を豊かで幸せにするかという実験です。これは一九九一年のソ連の崩壊によって、失敗に終わりました。

二一世紀の現在は、「中国の特色ある社会主義」が人類を豊かで幸せにするかという実験を行っていると思うのです。いわば民主主義国家の価値観と中国的強権国家の価値観がぶつかり合っていて、結論はまだ出ていない。今世紀半ば頃には結論が出るかもしれませんが、今はまだ実験中。特に「習近平新時代の中国の特色ある社会主義」は、強権化に拍車がかかっているので、民主主義国家との差異が鮮明になっています。

廣瀬　そうした中、民主主義はますます進化するというより、むしろ後退しているのが心配です。大統領選挙や中間選挙のたびに「分断」が指摘されるアメリカを見ても、民主主義が万全でないことがわかります。ハンガリーやポーランドなど、ヨーロッパでは民主主義の逆行（バックラッシュ）も目立つところです。

近藤　ソ連が瓦解していった頃、中国でも天安門事件が起こって、崩壊の危機に陥ったけれども、何とか持ちこたえた。前の章でも少し触れましたが、中国の社会主義はその後、「五回の順風」に恵まれたんですね。

第一に、一九九二年に「社会主義市場経済」――政治と経済を切り離し、経済は欧米式の市場経済を取り入れる制度を導入したこと。第二に、二〇〇一年にWTO（国際貿易機関）への加入を果たし、世界との貿易を急拡大したこと。第三に、二〇〇八年のリーマンショックでG7が一時的に瓦解し、中国が大きな発言権を持つG20の枠組みが作られたこと。第四に、二〇一五年頃から社会主義と親和性が高い（強制的に国民のビッグデータを収集できる）AIが発達したこと。第五に、二〇二〇年に世界中に蔓延した新型コロナウイルスで、強制力を発揮してG20で唯一のプラス経済成長を成し遂げたことです。

廣瀬　三期目を迎えた習近平体制でも「順風」は吹くんでしょうかね。

近藤　そこのところは、よく分かりません。しかし習近平総書記は共産党大会初日のスピーチで、「社会主義」を七八回も連呼しましたが、「市場経済」はただの二回。しかも二回とも「市場経済」の上に「社会主義」がついていました。共産党大会では市場経済を重視する李克強首相、汪洋《おうよう》政協主席、胡春華《こしゅんか》副首相らを一掃し、金融面で改革派の支柱だった郭樹清《かくじゅせい》中国人民銀行党委書記も切り捨てた。その代わり、北京市・上海市・広東省という三つの重要地域で経済を貶《おとし》めた三人組――蔡奇《さいき》・李強《りきょう》・李希《りき》を、常務委員（トップ7）に引き上げました。完全に「実績」よりも「忠誠」を重視した人事です。

　こうした姿勢を見ている限り、経済的見通しが明るいとは、決して言えません。実際、共産党大会後にゼロコロナ政策に対する大規模な反対運動が起きました。

プーチンの次に来るのが「より強いリーダー」という可能性

近藤　三大国の政権を見ていると、振り子のように揺れている気がします。ロシアはエリツィン政権が民主化を進めたかと思うと、次に出てきたプーチン政権は強権化を進めました。中国も大らかな胡錦濤政権のあとに、「泣く子も黙る」習近平政権が誕生した。アメリカもトランプ政権とバイデン政権は、ほぼ何もかも正反対です。

そう考えると習主席やプーチン大統領の次の世代は、まったく別のタイプのリーダーが現れる気もするのですが、今のロシアにはポストプーチン的な人はいるのでしょうか？

廣瀬　数人の名前が出ては消え……という感じで、明確な候補はいません。ただ私も含めてロシアウォッチャーが最も危惧しているのは、次も同じタイプの大統領が選ばれることです。なぜなら今でもまだ反プーチン感情は多数派ではないのです。また、欧米にロシアは虐げられていて、ウクライナ戦争が起きたのも欧米のせいだと思っている人々も少なくありません。九月の部分的動員令施行以来、支持率は落ちたとはいえ、つねに過半数をキープしています。

近藤　多くのロシア人は本当に、プーチン大統領を支持しているのですか？

廣瀬　支持しています。「戦争を支持するか」という問いに、「戦争はどうでもいいけれど、プーチンを支持する」と答える人が少なくない。「プーチンが間違えるはずない」とか。

近藤　やはりロシア経済を発展させたからですか。

廣瀬　それももちろんありますが、加えてロシア人は、やはり強い大統領が好きなのです。「ウクライナ問題はなぜ起きたと思いますか」という問いに「欧米やNATOのせい」と答える人が七、八割います。「ロシアのせい」と答える人は四パーセントしかいません。

「欧米やNATOのせい」と答える人のほうがプーチン支持者より多いのです。それだけ欧米への反発が強い。そう考えるとプーチン大統領が失脚しても、「あれだけ強いプーチンでも欧米に勝てなかったのだから、もっと強いリーダーが必要」となる可能性がありま す。だから必ずしも振り子のように、次は強権的でない人がなるとは限らないのです。

近藤　そのあたりは中国と違いますね。中国は習近平時代の後は、市場経済を重視するリーダーが出る気がします。毛沢東時代の後、鄧小平時代を迎えたようにです。それがロシアは、プーチン時代の後は、「次のプーチン」登場ですか。

廣瀬　とにかく強大なロシアが好きなのがロシア人なのです。

九章

三期目がスタートした習近平政権とウクライナ戦争の行方

強権政治ができなくなったプーチン大統領

近藤　二〇二二年一〇月二二日、第二〇回中国共産党大会が閉幕し、習近平体制の三期目が確定しました。一方でウクライナ戦争は長期化する気配ですが、習主席は積極的に仲裁を図る気はないようです。

そのことは人事を見れば明らかで、一つは二〇二二年六月の楽玉成《がくぎょくせい》外交部副部長（副外相）の更迭です。私はずいぶん昔になりますが、縁があって彼の日本語通訳を二日間、務めたことがあるので、その優秀さはよく覚えています。私が知る限り、中国外交部で最も能力の高い外交官です。

ロシアンスクール出身で、二〇二三年三月に就任する新たな外交部長（外相）の本命候補でした。ロシア外交も彼が主に握っており、例えば二〇二二年二月四日、北京冬季オリンピック開会式の日に北京で行われたプーチン大統領との中ロ首脳会談にも、「五人の同席者」に入っています。それが突然、国家ラジオテレビ総局副局長という閑職に飛ばされたのです。

廣瀬　ロシア側でも楽玉成の名前は有名でした。習近平主席はあれほどロシア外交を重視しているのに、なぜその要《かなめ》の外交官を更迭したのですか？

近藤　いろいろ調べてみると、どうも王毅国務委員兼外相（党中央政治局委員）の嫉妬のようです。楽副外相が外相に就けば、習主席から重用されるのは目に見えています。ただ、習主席としても、本気でウクライナ戦争を自分が仲裁する気なら、いくら王毅国務委員兼外相の意向だとしても、最も優秀な適任者の更迭を認めるはずがありません。つまり対ロシア外交は、自分とプーチン大統領、及び王毅外相とラブロフ外相のルートで十分と考えているのです。

廣瀬　私もロシア側から見ていて、中国が仲裁を買って出る「本気度」は、まったく感じていません。それどころか、ウクライナ問題については、中国は極力距離を取ろうとしているように見えます。

近藤　二〇二二年一一月に帰任したミハイル・ガルージン駐日ロシア大使に、帰任直前に会って、その辺りの話を聞きました。そうしたら、こう言うんです。「中国にはすでに、仲裁を頼んでいます。ただしロシア側の意向に沿って、ウクライナ側を説得してほしいと」。私が「それで色よい成果は見られそうですか？」と畳みかけると、顔をしかめていました（笑）。

廣瀬　習近平主席には、期待薄でしょうね。しかし、ロシアの外交官、しかもガルージン大使と言えば、とても慎重なイメージがありますけれど、ロシアが中国に仲介を打診していたことを認めてしまうということにも驚きを禁じ得ません。ロシアが仲介を頼むということは、ウクライナと交渉をしたいのはロシアであり、つまり、現状はロシアが劣勢であることを認めたとも言えるのではないでしょうか。

近藤　そうですね。もしかしたら帰任直前で口を滑らせたのかもしれません（笑）。加えて一〇月の党大会で、外交トップの楊潔篪氏（七二歳）が引退しました。一方で六九歳の王毅氏は、二〇二三年三月に副首相に就く可能性がある。完全に中国外交は王毅氏がコントロールすることになります。

楊氏は上海人で、長年にわたって超大国のアメリカを担当し、渡り合ってきたという自負があるから、習近平主席にもある程度、意見してきました。しかし習主席と同じ北京人である王毅氏は、自分の「外交哲学」に乏しく、ひたすら習主席に絶対忠誠を誓うことで出世してきた外交官です。ウクライナ戦争でロシアとウクライナを納得させ、しかもアメリカとEUも納得させる手腕など、期待できません。

廣瀬　ロシアもまた、内政が混乱しています。ウクライナ戦争が長引く中、いわゆる「戦争党」と呼ばれている強硬派と和平派が真逆の主張を展開し、その狭間でプーチン大統領が苦しむという構図が生まれており、プーチン大統領の自由度もかなり狭まっているように思います。

ウクライナとの戦争が膠着状態になり、また部分的動員など国民に不人気な策を取らざるを得なくなり、ロシア国内ではプーチン大統領への不満が高まりつつあります。最近は側近ですらプーチン大統領に反発したり、物申したりしているという分析もあります。

近藤　プーチン大統領は表面的には強気な態度を崩していませんが、内実はそうではないのですね。

廣瀬　一〇月八日に、残忍な手段も躊躇しない冷酷な性格で知られるセルゲイ・スロビキン氏が軍の総司令官に任命されましたが、これも強硬派からの進言によるものらしいです。具体的には、チェチェンのラムザン・カディロフ首長、「プーチンのシェフ」として知られるエブゲニー・プリゴジンなどの名前が上がっています。カディロフのカディロフ部隊やプリゴジンの民間軍事会社「ワグネル」が今回の戦争で果たしてきた役割はとても大きく、プーチン大統領は従わざるを得なかったのだと思います。

最近の動きを見ていると、プーチン大統領は強硬派の意見に揺り動かされながら、苦渋の決断をしているように思います。とくに九月半ばにウクライナの反転攻勢が強まって以降、現状への強硬派の憤りの声が強くなっています。強硬派はプーチン大統領のやり方が手ぬるいと感じていたようですが、プーチンを直接名指しで批判する強硬派はおらず、彼らの批判の集中砲火を浴びているのがセルゲイ・ショイグ国防相です。戦争が始まる前は、プーチン大統領はショイグ氏とよく休暇を過ごしていて、二人の仲の良さは度々メディアでも取りあげられていましたが、この戦争が始まってからは関係も微妙になっていると思います。

近藤　大統領と国防相の関係が微妙とは、穏やかでないですね。

廣瀬　こうして、九月以降、ロシアにとって戦況が悪化する中、ロシアは獲得したはずの領土も次々と奪還されていきました。この流れを止めるため、プーチン大統領は東部のドネツク、ルハンスクと南部のヘルソン、ザポリージャで戦闘を展開しながら住民投票をやらざるを得なくなって、その決定を九月二一日に発表し、二三日から二七日まで強引に「住民投票」だと称する組織的な活動を進めたわけです。

近藤　ウクライナ四州での「住民投票」は、併合を前提としたものですよね。プーチン大統領はやりたくなかったんですか？

廣瀬　いずれやりたかったとは思いますが、あの段階では時期尚早と考えていたでしょう。まず、基本的に四州の全域を制圧した状態で行いたかったはずです。加えてそれまでも「住民投票」を行う意向は度々示唆してきて、特に九月一一日は有望視されていたわけですが、それも延期され、次に想定されていた日程は一一月四日でした。

しかし、全域制圧どころか、時間が経てば経つほど制圧したはずの領土が奪還されていく状況に陥ってしまったので、「これ以上、制圧地を失わないように」、ということで実行に踏み切ったのでしょうね。実際、戦闘中で制圧地も日々動いているわけですから、「住民投票」なるものを行う範囲も曖昧ですし、結果、「併合」を宣言した後も、彼らがいうところの「ロシア領」の領域が曖昧なままで、さらにウクライナ側に奪還されたりもしているわけですから、いかにこのプロセスが無謀であったかは自明です。

近藤　それは傍目に見ていても、無謀に思いました。

廣瀬　九月二一日に発表した予備役三〇万人を対象とした部分的動員についての大統領令に署名したことも同様です。この発表は、国内向けのテレビ演説で行われましたが、先ほど話に出た「住民投票」の実施についてもこの時に発表されました。さらに、同じ演説の中で、「欧米側は、核兵器でわれわれを脅迫している」とした上で、ロシアの領土保全に対する脅威が生じた場合、国家と国民を守るためにあらゆる手段を行使すると発言しました。これは、核戦力の使用も辞さないという意味になります。

つまり、プーチン大統領は「住民投票」「動員」「核」という切り札の三点セットを九月二一日に全部一度に出すことになってしまった。

近藤　外交や戦争の切り札というのは通常、一枚ずつ切るものですからね。

廣瀬　そもそも部分的とはいうものの、曲がりなりにも動員をかけたことで、それまで「特別軍事作戦」と言っていたものが、じつは戦争で、しかも負けていると事実上認めたような形になったのです。

これも強硬派の「動員しろ」という声に押されたからです。強硬派は本来「総動員」をしたかったのですが、プーチン大統領は「国民の猛反発が必至の総動員に踏み切れば万事休す」と思っているので、部分的動員でお茶を濁した。

他方、九月三〇日にウクライナ四州を併合する文書に調印するにあたって行った演説は、かなりラディカルなものでした。内容の三分の二以上が欧米に対する批判で「サタニズム(悪魔主義)」といった言葉まで使っています。広島、長崎への原爆投下を引き合いに出し、「米国が核兵器使用の前例を作った」として、核を戦争で使った唯一の国が米国であるということを示唆しながら、「現状の責任はすべて欧米にある」というロジックで話していました。実際そうでも言わないと、ロシアがこれだけ苦戦していることの説明がつかない。それぐらい追いつめられているのです。

近藤　窮鼠《きゅうそ》猫を噛むという構図ですね。

廣瀬　そうです。付け加えると、プーチン大統領が三点セットを出したことですべてのカードを使い果たしたかのようでしたが、じつはもう一枚ありました。一〇月二〇日にウクライナの「併合した」四州に対して出した戒厳令です。

戒厳令を出すということは、民主的な政治ができなくなることを意味します。四州はすべて軍政下に置かれ、これによりロシアは何でもできるようになります。まず始めたのが、住民五～六万人の強制移住です。戦場からの退避と言っていますが、ロシアに連れて行かれる人も少なくないと思われます。その後、親ロシア派やロシア本土からのロシア人を再植民する可能性も高いでしょう。

そしてもう一つが、四州にいるウクライナ人の動員です。これによりウクライナ人とウクライナ人を戦わせる。

近藤　それは考えただけでおぞましい。

廣瀬　実はウクライナ人の動員はもうすでに行われていたという話もあります。本当におぞましいです。

なお戒厳令は、ロシア語で「戦争状態」を意味します。動員に続き、「戦争中」と宣言するようなものです。そしてロシアの法律では、戒厳令を発動すれば、発動中の地域だけでなく、その他の地域にもさまざまな例外条件をつけられます。

要は、ロシア中に戦争時のような制度をつくることができる。事実上、ロシア全体が軍政下に置かれたと言っていいような状態が生まれたわけです。そうして戦争ムードをつくり、国内の締めつけを強化できる状態にしておくのだと思います。

ロシア内政の混乱はどうなっているのか

近藤　ウクライナ戦争に関して、強硬派の中では、具体的に誰が力を持っているのですか？

廣瀬　強硬派も、じつは一枚岩ではありません。たとえば一〇月八日のスロビキン総司令官の任命を特に強く望んでいたのは二人いて、一人はチェチェン共和国のラムザン・カディロフ首長。もう一人はロシアの準軍事組織いわゆる、民間軍事会社のワグネル・グループを率いるエフゲニー・プリゴジンです。

その前段階である、部分的動員に積極的だったのは、プーチン大統領の周辺にいる「戦争党」と言われる人たちです。党といっても政党でなく、緩やかな派閥みたいなグループです。彼らもこのところ急速に力を持ちだし、プーチン大統領をかなり揺さぶっています。中心人物の一人はドミートリー・メドベージェフ氏で、二〇〇八年から二〇一二年まで、プーチン大統領に代わって大統領を務めていました。

近藤　メドベージェフ氏は親欧米派という印象でしたがね。前述のように、「ロシアの李克強首相」というイメージでした。

廣瀬　そうですね。大統領職をプーチン氏に戻した後は、プーチン氏とスイッチする形で二〇一二年から二〇年まで首相職についていました。しかし、二〇二〇年一月に突然首相交代が発表され、安全保障会議副議長という新設ポストをあてがわれ、今に至ります。事実上の更迭と言われていましたが、それ以後、かなり強硬なことを言うようになりました。彼は大統領に返り咲きたくて、そのために強硬路線を進んでいるとも言われていますね。

いわゆる「戦争党」については、メドヴェージェフが、プーチン大統領側近で政権与党「統一ロシア」幹部のトゥルチャク上院第一副議長と組み、国家親衛隊トップのヴィクトル・ゾロトフ隊長に働きかけて生まれたと聞きます。さらに、彼らはパーヴェル・ボロジン下院議長やニコライ・パトルシェフ安全保障会議書記をも巻き込んでいきました。とくにパトルシェフ氏が加わったのが大きいです。

近藤　パトルシェフ書記は、プーチン政権のナンバー2と言われているキーパーソンですよね。

廣瀬　その通りです。ウクライナ戦争が始まる前から、プーチン大統領と対等に話せる人間はパトルシェフ氏だけと言われていました。今回の、ウクライナ侵攻についても、昨年夏頃から、ロシア連邦保安庁（FSB）長官のアレクサンドル・ボルトニコフと共に画策し、プーチン大統領に進言したと言われています。この、プーチン、パトルシェフ、ボルトニコフは全員ほぼ同年代、サンクトペテルブルク出身、そして、KGB出身という共通点を持っています。なお、パトルシェフの息子のドミトリー・パトルシェフ農業大臣は、まだ四五歳ですがプーチン大統領の後継者として有力視されています。もし次の首相に任命されたら、後継者となる可能性がかなり高まるかと……。

近藤　次の大統領選は二〇二四年三月ですよね。

廣瀬　はい。そこで世代交代が行われる可能性もゼロではありません。一方、ウクライナ戦争が長引けば、二四年の大統領選の少し前に、今は部分的に発令している戒厳令を国家全体に発令し、「戦時体制だから選挙はできない」と言って、プーチン大統領が居座ることも考えられます。

近藤　同様のことは中国では憲法上、認められています。第六〇条「非常事態条項」がそれで、非常事態が発生した場合は、通常は五年の任期の全国人民代表大会代表（国会議員）の任期を延ばせる。よって全国人民代表大会が選出する国家主席の任期も延ばせるという論理です。もう一つ、第七九条に「国家主席の任期は二期一〇年まで」という規定もありましたが、すでに二〇一八年の憲法改正で、習近平主席が取っ払ってしまいました。

廣瀬　ロシアの場合、そもそも二〇二〇年の大統領選の段階で、二〇三六年まで続投できるように憲法改正しています。プーチン大統領は、場合によっては、八〇歳過ぎまでやるつもりなのです。

近藤　ただプーチン大統領については、体調が気になります。足を引きずるようにして歩いているし、英紙『ザ・サン』（一一月一日付）は、「すい臓がんとパーキンソン病」と報じました。

廣瀬　がん説については、白血病的ながん、膵臓がん、咽頭がん、甲状腺がん、などいろいろな可能性が指摘されています。パーキンソン病を疑われていることも確かです。顔がやたらと浮腫んでいることがあるのは、治療のせいではないかとも言われています。ただし顔の浮腫みは、プチ整形でヒアルロン酸を入れているからという説もあります。手足が震えているのも、ただのクセだとか、本当に色々な話がありまして……。

とはいえ、メディアに出てくる彼が、元気溌剌としていることも確かです。本当に重病ならスケジュールどおりに動けない気もします。ところが目立ったキャンセルがない。行くかもしれないと言っていたG20サミットに行かない、などの事実はありますが、それはむしろ政治的な理由に思えますし……。平均寿命の短いロシアですでに七〇歳ですから、確かに何らかの病気があってもおかしくないですが、「余命いくばくもない」状態ではないと思います。

中国の経済植民地化しているロシア

近藤　習近平主席の本音は、プーチン大統領に病気で倒れたりしてほしくない。ポストプーチンが親欧米派の人物になったら困るし、国内が混乱しても困るからです。習主席にとって、世界で対等な「同志」と言えるのは、プーチン大統領だけです。

廣瀬　そうかもしれませんね。世界で「大国」と言えるのは米中ロしかなく、中ロの「仮想敵国」がアメリカですから。

近藤　そのため有形無形の援助をして、プーチン体制を支えると思います。参考になるのがベトナムの例です。二〇二二年一〇月に第二〇回中国共産党大会が終了するや、「ベトナムの習近平」ことグエン・フー・チョン（阮富仲）書記長が訪中しました。

彼が二〇一六年一月の第一二回ベトナム共産党大会を前に、改革派に気圧されて失脚寸前になった時、習近平総書記にSOSを出しました。すると習総書記はベトナムに飛んで、「グエン総書記を支持する」とぶち上げたのです。これで改革派は吹き飛び、グエン書記長は残りました。二〇二一年一月の第一三回党大会では、本来は認められていない三選を、習総書記をバックにつけて無理やり認めさせました。それで習総書記も三選を果たすや、北京に祝福に馳せ参じたのです。

廣瀬　プーチン大統領にとっても、中国のサポートはとても重要です。そもそもロシア自体が、中国に支えてもらわないと存続できない状況になっています。

近藤　西側諸国から、強烈な経済制裁を受けていますからね。

廣瀬　そのような状態では、軍事領域までは至りませんが、それ以外の部分、とくに石油・天然ガスの輸出、そしてかなりのものの輸入は中国に負うところが大きい。

近藤　二〇二二年の中国とロシアの貿易は、おそらく前年比二五パーセントくらいアップする。中国はここぞとばかりに、ロシアから原油、天然ガス、石炭に電力と、エネルギーを「爆買い」しています。

廣瀬　インドも、ロシアからエネルギーを大量に輸入しています。ロシアはそれでもまだ余っていて、天然ガスを燃やして消費しているという話もあるほどです。ただ、採掘の際に発生するガスフレアだという専門家の話もあり、なんとも言えないところでもありますが……。

近藤　ところで、ロシアとドイツを結ぶ海底天然ガスパイプラインの「ノルドストリーム1」の九月の破壊工作は、優柔不断なドイツのショルツ政権に揺さぶりをかけようとして、ロシアがやったのではないですか？

廣瀬　その可能性が高いと思います。ロシアがやったのだとすれば、そもそも今回の戦争でプーチンが決意したと言われる「欧米との訣別」を、天然ガス輸出でも物理的に自らやり遂げたとも言えるでしょうね。

いずれにせよロシアは中国とインドに石油や天然ガスを輸出する一方、輸入も経済制裁によって中国からしかできない状態です。そのため原材料の入手もままならず、産業は停滞しています。

近藤　カザフスタンから冷蔵庫を輸入して、冷蔵庫に使われている半導体を戦車に転用しているとも報じられていました。

廣瀬　自動車も材料がないから、つくれない。生産台数が戦争前のマイナス九六パーセントまで落ち込んだという報道もあります。しかも生産している四パーセント分も、部品不足からエアバッグがついていないクルマになってしまっているそうです。

いまやロシアがものを輸入できる国は中国ぐらいしかなく、いろいろな意味で中国がいないと生きていけない。逆に中国はエネルギーを安く買い叩き、さらに自分たちのものを高く売りつける。まさに経済植民地化しているのです。

近藤　中国は、経済植民地化までは考えていないけれども、二〇三五年までに「一帯一路」によってユーラシア大陸全体を自国の経済圏にするという野望を抱いています。この野望を実現するための最大の難関が、実はロシアだったのですが、ロシア経済の弱体化によって、一歩前進ということはあると思います。張漢暉駐《ちょうかんき》ロシア中国大使がタス通信のインタビュー（五月五日付）に答えていますが、そのことを匂わせる発言をしています。

廣瀬　ロシアは、中国とインドの他には、トルコと若干、貿易が続いていて、武器については イランと北朝鮮しか頼るところがない状況です。

近藤　私が得ている情報では、北朝鮮はウクライナ戦争で、すでに多くの武器をロシアに輸出しています。「（一九四八年の北朝鮮）建国以来、ソ連時代も含めて初めて、ロシアがわれわれに頭を下げてきた」と溜飲を下げているようです。

廣瀬　イランもドローンや精密ミサイルを提供しているようです。中国を含め、武器の供与となると、制裁を恐れて通常は関与を避けるわけですが、北朝鮮もイランもただでさえ、制裁のデパートみたいな状況ですから、さらなる制裁を恐れないのかもしれませんね。逆にいうと、ロシアは被制裁国としか軍事協力できない。

厳しい言い方ですが、もはや自国だけでは何もできず、国家として成立していないのが、いまのロシアです。

ロシアの裏庭・中央アジアが中国に取られる

近藤　ロシアはそれほどひどい状況なのに、この先どこまでもウクライナ戦争を続けるつもりなのですか？

廣瀬　確かに「手打ち」を模索している感じはあります。一〇月頃からプーチン大統領はトルコのエルドアン大統領と頻繁に会っています。しかもプーチン大統領が先に会場に着いて、エルドアン大統領の到着を待つこともあるのです。

あれだけ相手を待たせることで有名なプーチン大統領が、いまは待つ側になっている。中央アジアの指導者と会うときも、けっこう待たされています。

近藤　そういうことは、首脳会談の内容に較べたら些細なことですが、ものすごく大事なんですね。実は日本外務省のチャイナスクールにも、そういう目利きがいて、彼は習近平主席の表情とか仕草を注視している。何度か示唆に富んだ指摘を聞きました。

廣瀬　私も注視派です（笑）。そんな中で、最近特に印象的だったのは、一〇月一四日に行われたロシアと中央アジア五カ国の首脳会議の時には、タジキスタンのエモマリ・ラフモン大統領から「我々に敬意を払ってほしい」と苦言を呈されたことでした。

近藤　ツアーリ（皇帝）気取りのプーチン大統領の権威も、地に落ちたものですね。

廣瀬　すでにロシアは、中国と水面下で争っていた中央アジアにおける覇権も、なかば諦めているようにすら見えます。

二〇二二年五月に行われたロシア、アルメニア、ベラルーシ、カザフスタン、キルギス、タジキスタンの六カ国から成るＣＳＴＯ（集団安全保障条約）のサミットでも、首脳陣の多くはプーチン大統領と距離を置いている感じでした。寄り添っていたのは、ベラルーシのアレクサンドル・ルカシェンコ大統領だけです。他の国々は、ウクライナ侵攻に反発し、特に、カザフスタン、アルメニアなどからは厳しい発言も出ました。

近藤　カザフスタンのカシムジョマルト・トカエフ大統領は、旧ソ連の外務省出身ですよね。別れた奥さんがモスクワにいると聞いています。彼は旧ソ連外務省のチャイナスクール出身で中国留学組なので、北京でいろんな話を耳にするんです。

廣瀬　その通りです。そのため基本的には、親ロ派・親中派です。ただしカザフスタンは北部にロシア人が多く、自国民保護の名目でロシアが攻めてこないか、常に緊張感を持ってきました。そういう背景もあり、トカエフ大統領は六月一八日にサンクトペテルブルクで開かれた国際経済フォーラムで、「ルハンスク人民共和国もドネツク人民共和国も国家として認めない」と、プーチン大統領の目の前ではっきりと述べました。

近藤　中央アジアの国々の関係は、複雑ですね。何せ周囲がすべて陸続きだから、いつどこから他国に攻め入られるか知れない。その辺りの感覚は、周囲を海で囲まれてのほほんとしている日本人には、窺い知れないものがあります。

廣瀬　そうなんです。行くと分かりますが、緊張感が違います。中央アジアの中では一番親ロ的だったキルギスも、ウクライナの問題ではロシアと距離を取っているように見えます。ただ、隣国タジキスタンとの緊張関係もあり、ロシアに頼る部分もあるのですけれど……。

一方でタジキスタンは、中国との親和性を高めています。キルギスやカザフスタンはウイグル問題もあってかなり反中的ですが、タジキスタンはアフガニスタンとの国境付近などに中国の軍事施設を置いています。

近藤　中央アジアにおける中国の影響力が、軍事的にも高まっているということですね。これは興味深い指摘です。

廣瀬　中央アジアを巡るこれまでの中ロの「勢力図」は、「ロシアが軍事と政治を担当」「中国が経済を担当」と分業になっていましたが、いまやタジキスタンには軍事分野でも中国が進出している。それに対してロシアは文句を言いたいけれども言えない。タジキスタンも、中国とロシアの双方に愛想を振りまき、また天秤にかけているようにも見えます。

他方、中ロも中央アジアを重視しているのは間違いないと思います。コロナ禍後初のプーチン大統領の外遊先は、一番が六月二八日のタジキスタンで、二番目がトルクメニスタンでした。また習主席のコロナ禍後初の訪問先も、一番が九月一四日のカザフスタンで、次がウズベキスタンです。

近藤　言われてみるとそうですね。習主席は九月一四日にカザフスタンで、最高勲章の「金鷹勲章」を授与されました。翌一五日にはウズベキスタンで、「最高友誼勲章」を授与されています。これらは中国共産党大会前に中国国民に見せつけるため、カザフ・ウズベク両国に無理やり出させたのかと思っていましたが、両国としても出すことに明確な国益を見出していたわけですね。そう言えば、習主席がカザフスタンを訪れた時、沿道で大勢の市民が歓迎している様子をＣＣＴＶで観て驚いたのですが、それも彼らにとっては国益伸張の一環だったんですね。

ロシアでクーデターは起きるか

廣瀬　それに対し、プーチン大統領に対しては、そのような歓迎はないのです。いまのプーチン大統領は相当惨めな状態です。訪問先でも、歓迎もなく、飛行機から一人寂しく降りていく様子が報じられたりしています。先に述べたように、内政でも混乱していますし。

近藤 そんなプーチン大統領に対し、ロシア国内でクーデターが起こる可能性はないのですか？

廣瀬 それは少なくとも近い将来にはないと思います。仮に、クーデターを起こすなら、軍と警察がセットになってクーデター側につかないと成功させるのは難しい。

一九九一年八月のクーデターもそうでしたよね。ミハイル・ゴルバチョフ大統領の改革路線に対し、保守派のゲンナジー・ヤナーエフ副大統領らが反旗を翻したものです。

近藤 あの時は突然、ロシアの国営テレビ局を乗っ取って、「ゴルバチョフ大統領が病気で職務執行不能となりました」と伝えたものだから、世界が驚愕しましたね。私の脳裏にも、あの時の放送が焼きついています。

廣瀬 当時、軍は最初、クーデター側についたものの、すぐにそれをやめ、結果的に軍と警察はクーデターを静観する形になりました。若干の治安維持活動はしたかもしれませんが、クーデターを支援する動きは見せませんでした。そしてロシア共和国のボリス・エリツィン大統領が、国民をまとめあげる形でクーデター派に抵抗し、クーデターは失敗に終わったのです。後から見れば、エリツィン大統領が漁夫の利を得た格好です。

近藤　あのクーデター未遂の4カ月後には、ソ連そのものが崩壊してしまったんですからね。

廣瀬　その通りです。「ゴルバチョフのソ連」から、「エリツィンのロシア」に生まれ変わり、ソ連解体を必然的にした事件だと言えますね。

近藤　その後、プーチン大統領の出身母体でもある諜報機関のＫＧＢ（ソ連国家保安委員会）はどうなったんですか？

廣瀬　それが解体されたんです。一九九一年一〇月、つまりソ連解体前に、ソ連国家評議会がＫＧＢ解体を決定し、同年一一月六日に解散となりました。ソ連時代にあまりに大きな権力を持っていたＫＧＢは、権力が集中しすぎていたとして、ロシアの場合は、権限を分割し、四つの組織に改組されました。ちなみに、旧ソ連諸国は、それぞれがＫＧＢの後継組織について決めたので、色々なパターンが見られます。

ロシアの場合、特に力を持つ後継組織は、ＦＳＢ（ロシア連邦保安庁）とＳＶＲ（ロシア対外情報庁）です。この二つの組織は、意思疎通が比較的よく取れていますが、軍の情報機関であるＧＲＵ（ロシア連邦軍参謀本部情報総局）とは難しい関係であるとも言われており、少なくとも協力関係は取れないようです。

近藤　軍と諜報機関というのは、どの国でも仲が悪いですからね。アメリカや韓国でも同様です。

廣瀬　ともあれ、軍ならびに警察などの協力に加え、これらのインテリジェンス系の機関が一つにまとまらないと、プーチン大統領に対するクーデターは成功しない可能性が高いと思います。ただＦＳＢのほうが組織としては大きいので、ＦＳＢとＳＶＲ、つまり元ＫＧＢがまとまれば、プーチン大統領に決起する可能性は出てくると思います。

近藤　でもＦＳＢの事実上のボスは、プーチン大統領なんですよね。

廣瀬　今回のウクライナ戦争以前は、ＦＳＢとプーチン大統領は一蓮托生の関係にありました。しかし開戦後は、関係が微妙になっています。ＦＳＢ第五局は、プーチン大統領に情報を伝える任務も果たしているのですが、プーチン大統領の喜ぶ情報しか出さないようにした結果、プーチン大統領は多くの間違いを犯してしまったと言われています。結果、セルゲイ・ベセダ局長（准将）らが逮捕され、第五局の約一五〇人の工作員も解雇されました。以後、プーチン大統領は、ＧＲＵの方をより信用するようになっていると聞きます。

近藤　つまり、今後ＦＳＢが、プーチン大統領を裏切る可能性があるということですか？

廣瀬　ＦＳＢは大きな組織ですし、全体が反プーチンでまとまるということは、短期的には想定しづらいです。ただ、信頼関係が怪しくなっているという点では、ＦＳＢがプーチン大統領から離反する可能性も否定できません。ＦＳＢのアレクサンドル・ボルトニコフ長官は、ウクライナ侵攻を煽った張本人ですし、かなり強気なタイプだとも言われていますので。また、ＳＶＲのセルゲイ・ナルイシキン長官も長年、プーチン大統領と緊密な関係でしたが、今回、ウクライナ侵攻前にプーチン大統領から辱めを受けたことも響いているのか、いまは存在感が薄い感じです。

近藤　開戦三日前の「御前会議」で、プーチン大統領に叱責されるシーンがテレビで公開された細身の人物ですよね。中国でも習近平主席が周囲の幹部を叱責することはままあるでしょうが、絶対にその映像を公開したりはしません。

それで、今後の戦況はどうなりそうですか？

廣瀬　二〇二三年は、少しずつウクライナが領土を取り戻していく可能性が高いと思います。米欧から提供されたあれだけ高性能の兵器を使っているわけですから。訓練もイギリスやドイツでしっかり受けています。

近藤　そうなると、やはり気になるのが、プーチン大統領が核兵器を使う可能性です。仮にですが、もしロシアが核兵器に手を出せば、ＮＡＴＯの参戦は必至でしょう。

廣瀬　私はロシアが核を使うことは、ロシアの終わりを意味すると思います。核を使えば、NATOは黙っていません。仮にロシアが核を使った場合、NATOは核で応戦することはせず、通常兵器でロシアに反撃をすると思います。それでも、ロシアは全く太刀打ちできないと思います。そのことはプーチン大統領もよくわかっているでしょうから、核を使うことはまずないと思うのです。しかし、可能性が全くないかというと、そうとは言えない部分もあります。そこまでプーチン大統領が常軌を逸した状態になるとは思いたくないですが、戦況の悪化などで追い詰められて「自分も、みんなも最期は一緒」とばかり核に手を出す可能性もゼロではありません。

ロシアを率いて実験を成功させたい中国

廣瀬　ともあれ、核を使う可能性は極めて低いとして、それでも本当に負けそうになった場合には、プーチン大統領は、例えば「ロシアはウクライナには勝ったけれど、欧米の許しがたいサタン同盟に負けた」などと言うはずです。そうして何とか延命を図ろうとするでしょう。

近藤　その際、習近平政権は、プーチン大統領を延命させようと、いろいろな手だてを講じるはずです。プーチン大統領が失脚すれば、習主席に対しても中国国内で不穏な動きが起こるかもしれないからです。

廣瀬　ロシアと中国は、同じユーラシア大陸の専制国家同士ですからね。ロシアが崩れると当然、中国にも影響が出ます。

近藤　中国も、ウクライナ戦争によって、プーチン政権の「体力」が落ちてきていることは重々感じているので、第二〇回共産党大会で習近平総書記は、強烈な体制固めを行いました。自分にたとえ一パーセントでも異を唱えそうな幹部は、すべて切り捨ててしまった。

廣瀬　二〇二二年一〇月の共産党大会は、強烈でしたね。割と親欧米派として知られた胡錦濤前総書記を党大会の会場から強制退場させてしまったではないですか。

近藤　そうです。中国共産党大会は三〇年見てきましたが、あのような光景は初めてです。今にして思えば、あれは胡錦濤前総書記というより、「胡錦濤的なもの」、すなわち親米路線の排除だったんでしょうね。

習近平主席は、二一世紀の世の中において、米欧式の民主主義よりも「中国の特色ある社会主義」の方が、政治システムとして勝っているという信念を持っています。例えば、一四億人のビッグデータを取り放題の中国の方が、ＡＩ（人工知能）は発展していきます。

廣瀬　中国とロシアは、強権国家の二大国ということになるのでしょうが、もはや対等の関係ではなくなってきています。二〇一八年頃からロシアは中国より格下のジュニアパートナーに堕ちています。それを表立って認めることは避けてきましたが、もはや中国に頼らなければ国家として成立しえない。今後は、より大胆に中国を頼っていく可能性もあります。

近藤　今後の習近平政権の外交は、米欧外交を仕切っていた楊潔篪氏が引退し、「習主席への絶対忠誠」が取り柄の王毅氏の独壇場となるので、アメリカとの劇的な関係改善は期待できません。また、李克強首相、汪洋政協主席、胡春華副首相といった市場経済派の幹部たちもパージしたので、劇的な経済成長も期待できません。結局、ロシアとの連携強化に向かうでしょう。毛沢東・スターリン時代への回帰です。

廣瀬　そのような状況下で、さらに中ロが関係を強化させるキーワードは「反米」です。NATOは二〇二二年六月二九日に採択した新「戦略概念」で、中国について「深刻な挑戦を突きつけている」と規定しました。NATOが中国批判をすることは度々ありましたが、本文書で中国に言及したのはこれが初めてでした。この時から、中国は明らかにさらに一歩、ロシアに寄り添う態度を見せたように見受けられます。

その後、八月にナンシー・ペロシ米下院議長が台湾を訪問した時も、ロシアが中国のプロパガンダ外交の一端を担いました。公の声明で、ペロシ訪問が挑発的で、地域の緊張拡大に広がる、などと厳しい言葉を投げかけ、また、ＳＮＳでも、中国に寄り添う内容で多くの投稿がなされたようです。今後、中国とロシアは「反米」で一枚岩になっていくでしょう。

近藤　同感です。中国はＮＡＴＯが東アジアに広がることを何よりも恐れていますから、この動きをロシアとともに阻止したい。

その意味でも、ウクライナ戦争でプーチン大統領の立場がいよいよ危うくなってきたら、「仲裁役」を買って出ると思います。つまり、ロシア側に一定の譲歩をさせるけれども、プーチン政権の存続は保証させるということです。

廣瀬　いずれにしても、ウクライナ戦争が一刻も早く終結することを願うばかりです。しかし、現状では私はロシアの勝利を想定することができません。仮に、ウクライナ戦争がロシアの敗北で終わった場合、中国がロシアとの関係をどのように考えていくのでしょうね。ジュニアパートナーとして、搾取し続けるのか、それとも見限るのか……。その時の米中関係にも左右されそうですが、特にポスト・ウクライナ戦争の世界では、中国の影響力がより強くなりそうな予感がします。戦争がまだ継続中の今、今後を展望することはとても難しいわけですが、国際的な平和と安定が維持され、より多くの人々が「積極的平和」を享受できる世の中になってもらいたいものです。

おわりに

まずは、最後まで読み通していただいた読者に感謝申し上げたい。対談本とはいえ、難解な国々の人々が紡いできた複雑な物語を読み進めるには、根気が要ったに違いない。

昨年はコロナ禍に加え、「動乱の一年」だった。言うまでもなく、二月にロシアが突如、ウクライナに侵攻したからだ。プーチン大統領は当初、「三日でカタを付ける」つもりだったのかもしれないが、周知のように年を越えても、いまだ戦火が止むことはない。

図らずも、ユーラシア大陸の西側で勃発した第二次世界大戦以来の大紛争は、ユーラシア大陸の東端の島に住む日本で、新たに脚光を浴びる人たちを生んだ。それは、これまで日本人にあまり馴染みがなかった地域について、長年地道に研究を続けてきたプロフェッショナルたちである。慶應義塾大学の廣瀬陽子教授は、その代表格の一人だ。

ある時期、テレビのどのチャンネルをつけても、廣瀬教授の姿があった。その解説は非常に明快で、的を射ている。それは、ロシアとその周辺地域にこまめに足を運んでいる下地があるからだ。加えて、限りなくおっかない話をしているのに、視聴者に妙に安心感を与える心温かいキャラクターだ。

私も昨年は、テレビの国際情勢の討論番組に呼ばれることがままあったが、画面に登場するのは、たいてい番組の後半で、司会者からこんな紹介を受ける。「ここまでロシアの見方を深掘りしてきましたが、中国はこの動きをどう見ているのでしょうか?」。

それでも、ロシア専門家たちと共演してきたおかげで、廣瀬教授との対談本作りは、スムーズかつ刺激に満ちた作業となった。唯一の難点は、超多忙な廣瀬教授の時間のやりくりだったが、それでも二人で何度も議論と推敲を重ねた。

対談の合い間に、「ピーク時にはメディアなどからどのくらい出演依頼があったのですか?」と聞いてみた。その答えは驚愕すべきものだった。「一日に電話が二〇〇件、メールが五〇〇通くらいでしょうか……すべてには対応できず、申し訳ないことをしました」。

思えば私は、第二〇回中国共産党大会が開かれた昨年一〇月、一日にテレビ四番組、ラジオ三番組に出演したが、深夜に帰宅すると、疲労感は半端でなかった。だが廣瀬教授は、そんな生活を、もう一年近くも続けているのだ。

廣瀬教授にもう一つ訊ねたことがあった。「なぜロシアとその周辺を研究する道を選んだのですか?」。すると、こちらも興味深い返答だった。「慶應義塾大学一年の時に、来日したゴルバチョフ大統領と握手させてもらったんです」。少し頬を赤らめながら答えた。

私は、「では近藤さんは、どうして中国とその周辺をフォローするジャーナリストになったのですか？」と質問されるかと思って身構えていたが、廣瀬教授はスルーした（笑）。

私が身構えたのは、足を突っ込むことになったきっかけが、鄧小平に握手してもらったからではなくて、鄧小平が差し向けた戦車部隊に若者たちが蹂躙された天安門事件に震撼したからだ。まことに強権国家というのは、休火山と同じで、中国にせよロシアにせよ、いつ「噴火」するかもしれない。

天安門事件以降、中国は、江沢民、胡錦濤、習近平と三人のリーダーを戴いてきた。特に、習近平総書記の個性は強烈である。私は胡錦濤時代の最後の三年、北京に住んでいたが、習近平総書記はこの一〇年で、アジア最大の大国を、私が暮らしていた頃とは別の国のように塗り替えてしまった。対談で触れたように、第二〇回中国共産党大会で異例の「総書記三選」を果たし、「強国・強軍」へ向けてまっしぐらである。

そんな中、地政学的に「アジアのウクライナ」と囁かれ始めたのが台湾だ。一一月の台湾統一地方選挙を現地で取材したが、蔡英文民進党が敗北。今後、中国はさらに民進党潰しを画策し、二〇二四年一月の総統選挙へ向けて、台湾は混沌とした政治状況が続く。

昨年末には、ついに中国国内でも、習近平指導部のゼロコロナ政策に反発する学生や若者たちが、「習近平退陣」「共産党退陣」ののろしを上げた。私は一九八九年の天安門事件以降の中国を見続けてきたが、このような事態は初めてだ。万全と思われた三期目の習近の習近平体制も、この先分からなくなってきた。

廣瀬教授との長時間の対談を通じて、私はしばしば、文豪トルストイがナポレオン戦争を描いた大作『戦争と平和』で記した次の一節が、脳裏をよぎった。

〈人間は自分個人の生活は自覚して生きるが、歴史上の全人類の目的達成のためには無自覚な道具となる。歴史、すなわち人類の無自覚な、全体的な集団生活は、皇帝の生活のあらゆる瞬間を、自己の目的のための道具として利用しているのである〉（新潮文庫版より）

まさに歴史は、為政者の恣意的な思惑によって繰り返され、無辜《むこ》の市民が犠牲となるのだ。

おしまいに、「影のボス」を称えたい。本作品の「主演」が廣瀬教授と私なら、監督・脚本は、ビジネス社の中澤直樹部長である。中澤部長とは、二〇二〇年の拙著『台湾vs中国　謀略の１００年史』以来、二作目だ。ますます磨きがかかったその手腕に、著者二人を代表して感謝申し上げたい。

近藤大介

【著者略歴】

廣瀬陽子（ひろせ・ようこ）

1972年生まれ。慶應義塾大学卒業、東京大学大学院法学政治学研究科修士課程終了、同博士課程単位取得退学。博士（政策・メディア）。東京外国語大学大学院地域文化研究科准教授、静岡県立大学国際関係学部准教授、慶應義塾大学総合政策学部准教授などを経て、現在、慶應義塾大学総合政策学部教授。2018－20年には国家安全保障局顧問に就任するなど政府の役職も多数。
2009年に『コーカサス―国際関係の十字路』（集英社新書）で第21回アジア・太平洋賞特別賞受賞。他に『未承認国家と覇権なき世界』（NHK出版）、『ロシアと中国―反米の戦略』（ちくま新書）、『ハイブリッド戦争　ロシアの新しい国家戦略』（講談社現代新書）など著書多数。

近藤大介（こんどう・だいすけ）

1965年生まれ。東京大学卒業。国際情報学修士。講談社入社後、中国、朝鮮半島を中心とする東アジア取材をライフワークとする。講談社北京副社長を経て、現在、講談社特別編集委員、『現代ビジネス』東アジア問題コラムニスト。『現代ビジネス』の毎週1万字の中国分析「北京のランダムウォーカー」は、連載650回を超え、日本で最も読まれる中国レポートとなっている。2008年より明治大学国際日本学部講師（東アジア国際関係論）も兼任。
2019年に『ファーウェイと米中5G戦争』（講談社+α新書）で第7回岡倉天心記念賞を受賞。他に『ふしぎな中国』(講談社現代新書)、『台湾vs中国 謀略の100年史』（ビジネス社）、『アジア燃ゆ』（MdN新書）など著書多数。

日本人が知らない！　中国・ロシアの秘めた野望

2023年１月15日　第１刷発行

著　者　廣瀬陽子　近藤大介
発行者　唐津　隆
発行所　株式会社ビジネス社
〒162－0805　東京都新宿区矢来町114番地　神楽坂高橋ビル5F
電話　03－5227－1602　FAX 03－5227－1603
URL　https://www.business-sha.co.jp/

〈カバーデザイン〉齋藤稔（株式会社ジーラム）
〈装丁写真〉中野和志（アレグロ）
〈本文DTP〉株式会社三協美術
〈印刷・製本〉モリモト印刷株式会社
〈編集担当〉中澤直樹　〈営業担当〉山口健志

ISBN978-4-8284-2480-4